O VOO DA FÉ

Frederick Berretta

O VOO DA FÉ

O milagre no Rio Hudson

Dados Internacionais de Catalogação na Publicação (CIP)
(Câmara Brasileira do Livro, SP, Brasil)

Berretta, Frederick
   O voo da fé : o milagre no Rio Hudson / Frederick Berretta ;
[tradução da editora]. – São Paulo : Paulinas, 2013.

   Título original: Flight of faith
   ISBN 978-85-356-3517-1

   1. Fé   2. Milagres   3. Testemunhos (Cristianismo)   4. Vida cristã
I. Título.

13-04211   CDD-231.73

Índice para catálogo sistemático:

1. Milagres : Cristianismo   231.73

Título original da obra: *Flight of faith. My miracle on the Hudson*
© 2009, Frederick Berretta. Todos os direitos reservados.
Publicado de acordo com D4EO Literary Agency.

1ª edição – 2013
1ª reimpressão – 2016

Direção-geral:	*Bernadete Boff*
Editora responsável:	*Andréia Schweitzer*
Tradução:	*© 2011, Paulinas Editora*
	Prior Velho, Portugal
Copidesque:	*Simone Rezende*
Coordenação de revisão:	*Marina Mendonça*
Revisão:	*Sandra Sinzato*
Gerente de produção:	*Felicio Calegaro Neto*
Capa e diagramação:	*Manuel Rebelato Miramontes*

*Nenhuma parte desta obra poderá ser reproduzida ou transmitida
por qualquer forma e/ou quaisquer meios (eletrônico ou mecânico,
incluindo fotocópia e gravação) ou arquivada em qualquer sistema ou
banco de dados sem permissão escrita da Editora. Direitos reservados.*

Paulinas

Rua Dona Inácia Uchoa, 62
04110-020 – São Paulo – SP (Brasil)
Tel.: (11) 2125-3500
http://www.paulinas.org.br – editora@paulinas.com.br
Telemarketing e SAC: 0800-7010081

© Pia Sociedade Filhas de São Paulo – São Paulo, 2013

Dedico este livro à misericórdia de Deus,
à tripulação do Voo 1549 da U.S. Airways,
a todos os que participaram
no salvamento dos passageiros
e aos engenheiros aeronáuticos do Airbus A-320.

E à minha mãe, que me pediu que o escrevesse.

SUMÁRIO

Prefácio 9

Agradecimentos 13

1. Decisão 15

2. Busca 27

3. Silêncio 39

4. Metanoia 51

5. Escolha 67

6. Escuridão 75

7. Impacto 89

8. Vida 107

9. Milagre 133

10. Lições 161

Epílogo 177

Apêndice – Orações devocionais 185

PREFÁCIO

Pouco depois de levantar voo de Nova York, a 15 de janeiro de 2009, um Airbus A-320 da U.S. Airways fez um pouso de emergência no rio Hudson. Todos os cento e cinquenta e cinco passageiros e a tripulação sobreviveram à amerissagem e foram salvos das águas gélidas depois de poucos minutos. Um acontecimento único na era dos modernos jatos comerciais, que suscitou assombro e esperança em milhões de pessoas que acompanhavam as notícias pela televisão e pelo rádio.

Uma hora depois de os passageiros e a tripulação do Voo 1549 terem desembarcado dos botes salva-vidas em segurança, o governador de Nova York declarava: "Todos conhecem o *milagre na Rua 34*; agora, temos também o *milagre no Rio Hudson*".

Para a maioria dos passageiros, não era necessário ouvir tal declaração. Como passageiro do voo (e como piloto particular) pude apreciar profundamente o feito realizado. O capitão Chesley Sullenberger fez o avião amerissar, com presença de espírito e determinação, numa via fluvial muito movimentada, evitando, com perícia, embarcações de vários tipos. A estrutura do avião permaneceu intacta após o impacto e manteve-se flutuando até a chegada dos ferryboats, que recolheram os passageiros das asas e das balsas, salvando-nos de hipotermia certa e da morte potencial. E a lista continua.

Quando subi a escada do ferryboat Thomas Jefferson, dois homens esperavam no topo, quais sentinelas de misericórdia, para ajudar-me a passar para o convés. Davam palmadinhas amigáveis nas costas de cada um de nós, dizendo-nos que tínhamos conseguido e que estávamos bem. Foi então que um irresistível e indescritível sentimento de gratidão invadiu todo o meu ser: um sentimento de gratidão a Deus e a todos os que tinham salvado a minha vida e a de todos os que se encontravam a bordo do avião.

Pouco depois da amerissagem, dei por mim sendo entrevistado por diversos canais de TV e por vários programas de rádio. Ao regressar para casa, as perguntas continuavam a afluir à minha mente: "Como é que esse acontecimento o afetou? A sua vida mudou? Você rezou durante o voo? Acredita que foi um milagre?". Neste relato, tentarei responder a essas perguntas, da forma mais ponderada possível.

O Voo 1549 influenciou profundamente, de mil e uma formas, a minha perspectiva de vida e a minha própria caminhada de fé. Embora eu tenha dificuldade em falar das minhas experiências tão abertamente, sinto-me quase obrigado a fazê-lo, levado por uma profunda gratidão. A minha fé ajudou-me naqueles momentos críticos e o Voo 1549 transformou para sempre a minha fé. De certo modo, ambos estão agora inseparavelmente ligados. O valor desta história tem pouco a ver comigo, mas, se ao partilhá-la uma única alma se sentir inspirada a aprofundar a sua confiança em Deus, terá valido a pena o esforço.

FREDERICK BERRETTA

AGRADECIMENTOS

Quero agradecer aos meus familiares, amigos e colegas, que entraram em contato comigo, depois da amerissagem de emergência do Voo 1549. As sensíveis palavras de vocês serão recordadas para sempre, e eu sou-lhes eternamente agradecido.

A Adam Reiss e àqueles que encontrei nos estúdios da CNN e da Fox News: obrigado pelo cordial acolhimento, após a amerissagem.

A Bob Diforio: obrigado pelo seu encorajamento, diligência e crença na minha capacidade de escrever esta história. A Jamie Saloff, obrigado pela sua orientação; e a Todd Aglialoro, pelas suas pacientes recomendações.

A Robert Allard, Dr. Art Bolz, Felix Carroll, Patrick Coffin, Rico De Silva, Padre Anthony Gramlich, Diácono Brian Miller, Bhavit Patel, Gary Towery, Michele Wells, Christine Valentine-Oswik, James Hetzel e a todos que conheci e que me animaram a contar esta história.

Um agradecimento especial a Vinny Flynn: estou contente por ter comprado o seu livro e muito grato pela sua inspiradora ajuda.

Às minhas irmãs, Michele e Tina: obrigado pelo apoio. E ao Bispo George Thomas: obrigado pelas suas orações e conselhos.

À minha mulher, Liz, e às quatro estrelas da nossa vida: Jonathan, Evan, Lauren e Benjamin. É por vocês que eu tenho viajado até os confins do mundo, e é por vocês que eu vivo a minha vida. Sou grato a Deus por poder ficar mais algum tempo com vocês.

Finalmente, a Nossa Senhora do Monte Claro, a Estrela do Mar, a humilde Mãe de Deus. Vós sois a Rainha resplandecente de inúmeras denominações, e, naquele dia, estiveste conosco sobre as águas do Rio Hudson. Espero passar a eternidade a cantar os vossos louvores, por me terdes conduzido ao vosso Filho, e por tudo o que tendes feito por mim, ao longo de toda a minha vida.

1
DECISÃO

"Um abismo chama outro abismo,
ao fragor das tuas cascatas;
as tuas vagas e ondas todas
passaram sobre mim."
(Salmo 41[42],8)

A manhã de 14 de janeiro de 2009 começou como qualquer outra, quando me dirigia para o trabalho, abrindo caminho por entre o trânsito matinal, enquanto a brilhante limpidez do céu matinal contrastava com a melancolia do estado do mundo. As notícias, no rádio, falavam da incerteza da guerra, de indicadores econômicos em espiral e de uma recessão crescente, empurrando a minha mente para um lugar aonde eu não queria ir. Cansado do impasse da conversa dos jornalistas, debatendo se estávamos ou não à beira de outra Grande Depressão, desliguei a mente, pensando antes naquilo que precisava fazer no dia que tinha adiante.

Enquanto tentava manter-me paciente, no meio da penosa lentidão do trânsito da manhã a caminho do trabalho, na zona norte de Charlotte, não fazia ideia que dentro de poucas horas teria de correr para tomar um avião para Nova York, a fim de participar de uma reunião de última hora. Praticamente todas as semanas eu ia a Nova York para terminar uma série de projetos, mas naquela semana não havia nada marcado, sentindo-me feliz por poder ter uma rotina mais normal em casa. Naquela manhã, lamentava apenas ter falhado em minha oração e meditação da manhã. Decidi compensar essa falha mais tarde, recordando a minha decisão de Ano-Novo, de me empenhar mais plenamente na minha vida espiritual e na minha relação com Deus.

Depois de dar alguns telefonemas e marcar uma reunião de colegas para essa tarde em Nova York, decidi que seria importante também eu estar presente. Estavam sendo tomadas decisões críticas, relacionadas com o emprego de alguns dos nossos associados, e eu sabia que os debates fluiriam melhor olhando-nos nos olhos. Pedi à minha assistente que marcasse os voos, rapidamente, enquanto eu me multiplicava, respondendo a e-mails e recolhendo material para a viagem. Na maioria das viagens para Nova York, eu costumava sempre regressar num voo ao fim da tarde. Contudo, quando a minha assistente entrou no meu gabinete e perguntou qual era a minha preferência, já que todos os voos tinham lugares vagos, pedi que marcasse o regresso para as 14h45. Queria chegar em casa a tempo de ver os meus filhos antes de se deitarem pelo menos naquela semana.

Corri para casa, a fim de preparar algumas coisas para aquela rápida viagem, de um dia para o outro. Ao longo dos anos já viajara tanto, que nem me passava pela cabeça levar outra mala; limitava-me a usar a minha pasta para levar o que precisasse para uma única noite. Dobrei rapidamente um paletó extra e outra muda de roupa, e corri para a porta. Dei um abraço e um beijo em minha mulher, e lembro-me de que a casa estava muito tranquila e silenciosa, e que senti o desejo de ficar ali e esquecer todo o resto. Passara grande parte da minha vida profissional viajando de avião pelos Estados Unidos e para o exterior, mas havia sempre uma resistência mental a ultrapassar no percurso até o aeroporto. Também dessa vez tinha uma sensação estranha e desconfortável frente àquela viagem – estava preocupado com as reuniões, disse para mim mesmo –, mas sacudi a ansiedade e saí de casa.

* * *

O tempo estava bom, mas muito frio, quando aterrissamos em Nova York e me dirigi para Manhattan.

Faltavam cerca de vinte minutos para a minha primeira reunião, e lembro-me de ter decidido compensar a falha das minhas orações da manhã. Eu sabia que, em algum lugar, dentro da minha pasta estava um livrinho de orações, e decidi arrumar a parte interior, que estava cheia de objetos pessoais e papéis, enquanto o procurava.

Depois de despejar os papéis e esvaziar o conteúdo da pasta, descobri dois velhos livros de orações, num bolso lateral. Dei uma olhada em cada um. O primeiro, um livrinho chamado *Pietá*, como a famosa escultura de Michelangelo, continha diversas orações devocionais, algumas delas datadas de muitos séculos. Há muito que tinha perdido a capa e as páginas estavam gastas pelo uso. O outro era um pequeno volume sobre o Terço da Divina Misericórdia. Na capa, uma imagem de Cristo com dois feixes de luz saindo de seu peito, um vermelho e o outro branco. Esse livrinho continha excertos de um diário mantido por uma religiosa polonesa, na década de 1930, Santa Maria Faustina Kowalska, que afirmava ter tido visões de Cristo e até dialogado com ele. Ao longo dos anos, eu tinha rezado muitas vezes aquele simples terço, mas já havia passado muitos meses desde a última vez que o rezara. Por isso, abri o livro.

Das muitas passagens do diário de Santa Faustina que o livro contém, uma cativou-me particularmente naquele dia. Às três horas da tarde, recorda a Irmã Faustina, Cristo disse-lhe: "Não recusarei nada à alma que me pede alguma coisa, por virtude da minha Paixão". Como passava muito pouco das três da tarde, refleti sobre isso e comecei a rezar o terço. Rezei lentamente e com uma grande intensidade, de uma forma invulgar para mim.

> Pela sua dolorosa Paixão,
> tende misericórdia de nós e de todo o mundo.

Prossegui com as minhas reuniões, que correram bem, e jantei com um colega de trabalho. Na manhã seguinte, encontrei-me novamente com outros associados. Fazia muito frio e o céu estava nublado; nevava ligeiramente. Pensei num possível cancelamento ou atraso no meu voo da tarde, enquanto continuava com outras reuniões.

Pouco antes do meio dia, depois de uma tentativa malsucedida de me encontrar com um associado para almoçar, entrei num táxi e rumei para o aeroporto. Passamos perto da Catedral de São Patrício, entre a Avenida Madison e a Quinta Avenida, e eu pedi ao taxista que me deixasse ali. Entrei naquela igreja neogótica, antiga e magnífica, no exato momento em que estava começando a missa. Depois de receber a Comunhão, senti o impulso de acender uma vela numa das capelas laterais, e rezei, de pé, a oração de São Patrício sob o seu relicário de cristal.

Ao sair da catedral, avistei uma loja de presentes do outro lado da rua. Tinha algum tempo antes da minha próxima audioconferência, que faria no táxi, por isso entrei para dar uma olhada. Era uma loja pequena, com imagens, ícones e outros artigos religiosos. No fundo havia um corredor com várias filas de livros à venda. Olhei de relance para os livros e um dos títulos chamou a minha atenção: *Sete segredos da Eucaristia*, de Vinny Flynn. Pareceu-me ser um livrinho pequeno, que eu conseguiria ler numa sentada: "perfeito para o voo de duas horas até em casa", pensei.

Saí da loja, encaminhei-me para a esquina da Quinta Avenida, e chamei um táxi. O tempo que demorou a minha audioconferência foi o necessário para chegar ao Aeroporto LaGuardia. Imprimi o bilhete: tinha reservado a poltrona 16A, um assento na janela do lado esquerdo do avião, logo atrás da asa, e segui para o controle de segurança. Tinha tempo para um almoço rápido e, enquanto estava sentado à espera da refeição, olhei pela janela e fiquei aliviado ao ver que o tempo limpara completamente. Habitualmente, por uma ou outra razão, era normal que os voos a partir de LaGuardia se atrasassem, mas a ausência de nuvens parecia melhorar as nossas hipóteses de partir no horário previsto. Acabei de comer e fui para o portão, onde, na realidade, o embarque estava prestes a começar. Passei alguns minutos embrenhado na leitura do livro que comprara, e, então, chegou a minha vez.

* * *

Encontrei a minha fila e coloquei o casaco e o sobretudo no compartimento superior. Enquanto me instalava à janela, li vários e-mails, respondi a alguns e, depois, desliguei o meu celular, que normalmente guardo na pasta durante o voo, mas desta vez pus no bolso do lado esquerdo. Retirei da pasta um dossiê, que enfiei no compartimento das revistas, e o livro *Sete segredos da Eucaristia*, que recomecei a ler do lugar onde tinha parado.

Enquanto o lia, deixei-me absorver pela leitura, e comecei a pensar o quão fraca se tornara a minha vida espiritual nos últimos anos, quando, de repente, ouvi uma voz, vinda do passado distante, chamar-me em voz alta: "Fred Berretta, já não viaja na classe executiva?". Ergui os olhos e avistei um homem corpulento chamado Jim, com quem trabalhara há vários anos. A sua voz familiar e ligeiramente irritante fez-me retroceder no tempo, e respondi: "Eu já não viajo tanto como costumava,

por isso perdi as minhas regalias, mas não me importo".
Desatamos ambos a rir, acenando com a cabeça, e, enquanto ele regressava ao fundo do avião, combinamos de nos encontrar um dia desses em Charlotte.

A rotina normal do embarque no avião prosseguiu. Os passageiros procuravam os seus lugares, colocavam os seus pertences aqui e ali, e as comissárias de bordo faziam as suas rondas. Foram feitos alguns anúncios, e o ritual que eu já tantas vezes vira e ouvira dissipou-se, enquanto minha mente mergulhava de novo no livro.

As portas fecharam-se, por fim, começamos a afastar-nos da manga e eu olhei pela janela para ver se conseguia avaliar quantos aviões estavam aproximando-se da pista, esperando que não tivéssemos uma espera demasiado longa. Continuei a ler. O tempo em solo deve ter levado cerca de vinte minutos e, nessa altura, eu já passara do meio do livro. Decidindo fazer uma pausa e refletir sobre aquilo que acabara de ler, que me parecia bastante profundo, pousei o livro no colo e fechei os olhos.

O piloto falou ao microfone, anunciando que seríamos os próximos a levantar voo. O som habitual dos motores encheu o avião. Senti a conhecida força do assento empurrando-me para a frente e iniciamos a decolagem. Essa é a parte de qualquer voo que sempre preferi, embora, como piloto, eu saiba que é a mais perigosa. É sempre muito excitante ver o mundo, lá em baixo, ir-se transformando numa miniatura, enquanto nos elevamos no céu.

As rodas levantaram-se da pista 4 e nós subimos num vetor em sentido nordeste, enquanto eu ouvia o som familiar do trem de aterrissagem sendo recolhido e encaixando-se dentro das asas. A decolagem foi suave e perfeitamente normal, e eu recostei-me ligeiramente, tentando tornar um pouco mais espaçoso o apertado lugar junto à janela.

Meditei sobre as frases inspiradas do meu novo livro, sentindo-me cada vez mais relaxado. Nunca consegui dormir em aviões, mas conseguia cair num estado de calma tal que era como se tivesse a meio caminho da inconsciência. Gostava dessa sensação, pois me permitia fazer o tipo de reflexão difícil de ser feita no decorrer de um dia normal de trabalho.

3:24.58 – *Torre de LaGuardia*: Cactus quinze quarenta e nove.

3:25.51 – *Capitão Sullenberger*: Cactus quinze quarenta e nove, setecentos pés, subindo para cinco mil.

3:26.00 – *Controle de Tráfego Aéreo*: Cactus quinze quarenta e nove, partida de Nova York, contato por radar, suba e mantenha um cinco mil.

3:26.04 – *Capitão Sullenberger*: Mantenho um cinco mil, Cactus quinze quarenta e nove.

Fui afundando cada vez mais no meu estado de relaxamento, refletindo sobre os pontos que o autor abordara acerca da Eucaristia e pensando como eram misteriosos. O zumbido do avião me fez fechar os olhos. A minha mente vagueava para trás e para a frente, entre o trabalho, minha família, a missa na Catedral de São Patrício, o livro que estava lendo, e fui pairando até cair num estado de tranquilidade quase semelhante aos sonhos.

De repente, fui arrancado com violência do meu repouso por um ruído que jamais ouvira dentro de um avião.

Uma espécie de pancada, como se alguma coisa tivesse chocado contra a fuselagem, mas eu não sabia ao certo de que se tratava ou onde chocara. Parecera-me que o som viera da esquerda, mas, ao mesmo tempo, também parecia vir de todos os lados. Durante alguns instantes, o avião foi sacudido com violência de um lado para o outro, e depois estabilizou. Minha mente tentava apreender o que acabara de suceder.

O medo tentou penetrar as minhas emoções, mas eu resisti. Virei a cabeça, pensando olhar pela janela, esperando que o motor ainda estivesse ali: de fato, a única coisa que eu conseguia imaginar era que ele se soltara sozinho, por muito improvável que isso pudesse parecer, e caíra da asa. Contudo, através da janela, avistei a asa, intacta, e o motor... em chamas. Minha mente procurava freneticamente respostas nos meus conhecimentos de aviação; minha fé ficou envolvida num nevoeiro de aflição, que começava a invadir todo o meu ser.

Nos momentos seguintes, eu daria início à mais longa e mais curta viagem da minha vida. Os segundos iam dilatar-se como num sonho, e eu recordaria os anos distantes, toda a minha existência, e teria de me reconciliar com eles... e com Deus. Os segundos que, pensava eu, seriam os últimos da minha vida.

2
BUSCA

"Podemos erguer-nos da ignorância,
podemos encontrar-nos como criaturas
de excelência, inteligência e competência.
Podemos ser livres! Podemos aprender a voar!"
(Fernão Capelo Gaivota, Richard Bach)

Desde as minhas mais remotas memórias de criança, sempre adorei aviões e tudo o que tivesse a ver com o voo. Lembro-me vivamente do meu primeiro voo, num DC-8 da Delta Airlines. Meu pai mostrou-me as asas e os motores, e os pilotos convidaram-me a ir até a cabine, depois da decolagem. Esse caso de amor expandiu-se também para o espaço, e lembro-me de ver várias missões Apollo na televisão e me interrogar sobre como seria voar até a Lua.

Minha família mudou-se para o sudeste da Flórida em 1969 e, sendo o mais novo dos três irmãos e o único rapaz, fui alvo de muita atenção por parte dos meus pais. Se perguntassem a opinião de qualquer uma das minhas irmãs mais velhas, elas afirmariam, como é óbvio, que eu era um mimado. Com efeito, embora tenha debatido esse tema com elas em muitas ocasiões, sou obrigado a concordar com elas, eu gozava de especial popularidade... mas isso durou pouco.

No início dos anos 1970, era moda receber as pessoas para almoços regados a drinques e coquetéis. Naturalmente, eu ainda não gostava de bebidas alcoólicas, mas meus pais pareciam estar sempre ocupados com algum tipo de evento social. No entanto, ainda estávamos numa época em que as crianças podiam andar de bicicleta durante todo o dia nas ruas da vizinhança, sem os pais terem de se preocupar com a sua segurança. Os poucos canais de televisão de então não eram o epicentro de nossas atividades. Hoje, efetivamente, posso olhar para trás e afirmar que, durante um breve período, pude viver no seio de uma típica família americana... mas isso não duraria muito. Na nossa casa havia momentos de riso, de divertimento e até de alegria, mas as minhas irmãs e eu pressentíamos que havia qualquer coisa de terrivelmente errado. A relação dos meus pais parecia tensa e, nos últimos tempos, eles costumavam discutir com mais frequência e intensidade, enchendo nossa casa de um ambiente de profunda ansiedade. Minhas irmãs e eu nunca sabíamos quando teria lugar a próxima batalha verbal e sentíamo-nos impotentes para fazer fosse o que fosse. Por volta do meu oitavo aniversário, acabou tudo.

Quando esse dia finalmente chegou, lembro-me de os meus pais nos terem reunido, a mim e às minhas irmãs, na sala de estar da nossa casa, junto ao rio, com o seu tapete vermelho aveludado, as suas cadeiras brancas, o seu sofá preto, os seus quadros enigmáticos, tudo isso à sombra de um piano de cauda. (Estávamos na década de 1970, a década em que os decoradores de interiores deveriam ter sido lançados no espaço com os astronautas das missões Apollo.) Era altamente improvável que eles estivessem preparando uma discussão familiar de um modo tão formal. Com o instinto de uma criança pequena, de algum modo eu percebi, quando nos sentamos, que aquela conversa mudaria para sempre a minha vida. Meus pais olharam um para o outro e depois para nós, e, então, minha mãe explicou que ela e meu pai estavam divorciando-se. Lembro-me de ter pensado que isso tinha a ver comigo, que a culpa devia ser minha. Garantiram-me que não, mas isso não ajudou a tornar a situação mais fácil.

* * *

Minhas irmãs acabaram por ir viver com o meu pai, e eu fiquei com a minha mãe. Vivíamos num estado de incerteza e de instabilidade financeira durante a maior parte do tempo, e eu tive de mudar de escola com frequência. Visitava o meu pai aos fins de semana e no verão, levando comigo alguns amigos, e tive de recorrer à imaginação para preencher o vazio que se insinuara na minha tão vulnerável vida.

Minha família era católica de nome: assistíamos à missa aos domingos, ou pelo menos na maioria deles. Meu pai fora criado como católico e minha mãe como metodista, mas ela praticara o Catolicismo, por um breve período, antes do divórcio. De vez em quando, fazíamos uma oração antes do jantar, mas nunca rezávamos de forma consistente como família, e nos meses que antecederam a separação dos meus pais todas as formas de atividade devocional cessaram por completo. Ao longo de todo esse tempo, porém, eu sempre conservei a minha crença em Deus, por muito simples que esta fosse. Tinha consciência da presença do bem e do mal no mundo, para além da pessoa humana, e via essas duas forças em ação na ruptura da minha vida em família. No período que se seguiu, minha mente e meu coração começaram a procurar uma realidade maior, qualquer coisa permanente e fidedigna onde eu pudesse buscar sinais de esperança e que conseguisse restaurar aquilo que perdera. Eu via a presença do mal como responsável pela destruição da minha segurança familiar e, no meu jeito infantil, jurava que havia de fazer todo o possível para combatê-lo.

Por ironia, quando ainda era muito pequeno e minha família ainda estava unida e íamos à missa, frequentei várias escolas de denominação protestante, mas, depois do divórcio, quando nenhum dos meus pais praticava a fé, passei a frequentar escolas católicas e recebi os sacramentos. Além disso, ao entrar na adolescência, comecei a formar a minha própria abordagem devocional de Deus. Lembro-me de, à noite, fazer o sinal da cruz e dirigir orações informais a Deus, pedindo a sua proteção. Aos domingos, ia de bicicleta até uma igreja católica local e, durante algum tempo, participei das missas como acólito.

Nos esforços por libertar minha mente da falta de estabilidade da minha vida, continuei a alimentar meu amor pelo voo e comecei a interessar-me por ficção científica, e essas duas coisas passaram a ser a válvula de escape na minha busca por liberdade interior. Um dos lugares onde vivemos estava sob a rota de voo do Aeroporto Internacional Ft. Lauderdale-Hollywood. Quando os jatos comerciais se aproximavam para aterrissar, passavam pouco acima da nossa casa. Eu costumava sentar-me na rua a observá-los, durante várias horas, um após outro, com as suas ruidosas turbinas, enquanto desciam.

Comecei a ler tudo o que podia sobre aviões e a arte de voar, e, rapidamente, fiquei conhecendo cada marca de avião e os seus variados tipos. Quando nos mudamos para Palm Beach, dois anos mais tarde, vivemos, mais uma vez, sob uma rota de voo e conseguia ver os aviões a jato, na sua subida, após a decolagem, quando estavam prestes a sobrevoar o Atlântico. Ficava muitas vezes numa praia deserta, de pé, olhando para eles e sonhando me tornar piloto. Para mim, nessa época, não havia outra ocupação no mundo mais nobre ou excitante.

* * *

Como muitas crianças que crescem sem estabilidade, na escola e em casa, eu era uma criança tímida. Passava muito tempo sozinho e, para me distrair, tinha de recorrer à minha criatividade. A televisão antes das transmissões a cabo oferecia poucas opções, os videogames ainda não tinham sido desenvolvidos, e havia poucas oportunidades desportivas convenientes para mim. Por isso, lia livros, todos os livros que conseguia encontrar.

Certo dia, lembro-me de ter regressado a casa e contado à minha mãe que tinha de escrever uma composição sobre um livro que ainda não lera. Ela estava demasiado cansada para me levar à biblioteca, onde eu queria emprestar um livro sobre viagens ao espaço. Fiquei relutante, por isso, quando ela entrou no meu quarto e me estendeu um livro fininho, de capa mole, com uma imagem assustadora de uma gaivota branca na sua capa azul escura: *Fernão Capelo Gaivota*, de Richard Bach. Era muito diferente de uma viagem ao espaço, mas, como eu não tinha alternativa e a composição tinha de ser entregue dentro em breve, comecei a lê-lo. Sob muitos aspetos, foi um presente predestinado, que me incentivou a procurar um sentido maior para a vida.

Era uma história simples: uma gaivota chamada Fernão torna-se marginal, porque adora voar, enquanto todas as gaivotas boas e obedientes do bando deviam voar apenas para comer e sobreviver. Qualquer aspiração a uma forma de voo mais elevada era malvista. Depois de começar a ler o livro, nunca mais consegui largá-lo. Terminada a leitura, li-o de novo, até adormecer no chão do meu quarto. Identifiquei-me com Fernão: também eu era um marginal, vivendo numa família desfeita, com poucos amigos com quem brincar. Também eu adorava a ideia de voar, e quase me sentia voando enquanto lia aquelas páginas repetidas vezes, de olhos fixos nas imagens monocromáticas de gaivotas no interior do livro. A obra não só alimentou a minha paixão pelo voo, mas também despertou em mim uma visão mais profunda da vida. A evolução de Fernão como voador é espelhada pelo crescimento pessoal, e quando ele se torna instrutor e líder de outras gaivotas acaba por perceber que a única coisa mais importante do que voar é o amor.

* * *

Quando cheguei à adolescência, fui viver com meu pai. Minhas duas irmãs já estavam casadas e, havia muito tempo, tinham saído de casa. Minha paixão pelo voo e pela ficção científica eram agora complementadas com atividades típicas dos adolescentes: escola, prática de esportes, música e a partilha da minha sabedoria recém-adquirida com meu pai. Durante esse período, também deixei para trás as minhas visões infantis de Deus, embora nunca tenha desistido completamente das minhas crenças, apesar de já não ir à missa, nem praticar quaisquer formas regulares de devoção.

Quando tinha 16 anos, certo dia, depois de várias partidas de tênis, ao regressar a pé para casa senti uma dor lancinante de lado. Pensei que talvez fosse desidratação ou, então, alguma distensão muscular. Foi-se agravando e depois dissipou-se, mas eu fiquei muito doente, com sintomas semelhantes aos da gripe: febre alta, náuseas e fadiga. Ao terceiro dia desse martírio não estava melhor e, por isso, o meu pai levou-me ao médico. Depois de me examinar durante cerca de dez minutos, o médico declarou que, muito provavelmente, eu estava com uma ruptura do apêndice e encaminhou-me apressadamente para o hospital. Quando percebi, já estava deitado numa maca de metal; senti a picada de uma agulha e, depois, pediram-me que fizesse uma contagem decrescente, durante dez segundos. Eu cheguei aos cinco segundos e adormeci.

Quando acordei, muitas horas mais tarde, vi uma freira de pé, ao meu lado, com um terço na mão. Disse-me, sorrindo, que eu era um rapazinho afortunado. Não falou muito mais, limitando-se a estender-me um copo de água. Ao fim de mais alguns minutos de oração silenciosa, saiu do quarto. Pouco depois, meus pais entraram e a minha mãe declarou que tinha rezado por mim enquanto se dirigia para o hospital. Isso me surpreendeu, dando-me a entender que minha situação devia ter sido muito grave.

Com efeito, o médico dissera aos meus pais que eu havia tido muita sorte! Uma grave peritonite, ou infeção da cavidade abdominal, fora desencadeada pela ruptura do apêndice, e ele garantiu-lhes que eu estivera a poucas horas de uma morte certa. A mim, declarou que estava admirado por eu ter conseguido aguentar três dias naquele estado e sobrevivido.

Eu não sabia se tinha sido por causa da oração, da graça de Deus ou da boa sorte, mas escapara da morte por um triz. E essa não foi a última vez.

* * *

Terminei com menção honrosa o curso de um conceituado liceu privado, e, durante um breve período, pensei em alistar-me na Força Aérea, para me tornar piloto de combate. Contudo, por razões de que não me lembro completamente, senti, nesse momento, que a carreira militar não era para mim. Em vez disso, optei por Administração. Estávamos nos anos 1980, a era dos bancos de investimentos, do estrelato da Wall Street e da música alternativa, e eu dediquei-me a isso de corpo e alma.

Hoje, percebo que, na minha juventude, Deus nunca deixara de me chamar, mesmo no meio do tumulto familiar. Chamava-me na infância, à noite, quando eu sentia inclinação para fazer o sinal da cruz e pedir a sua proteção. Chamava-me na adolescência, quando eu participava na missa e quando contemplava o mar, ao regressar para casa, vindo da igreja. Chamara-me na juventude, quando eu estivera a poucas horas de morrer, e durante as longas e dolorosas noites de recuperação numa cama de hospital. Sua voz perseguira-me constantemente, sussurrando, através das várias fases da minha jovem vida. Em certos momentos, eu cedera a essa chamada, mas, agora, deixara de escutá-la, optando antes por permitir que o espírito do mundo me avassalasse.

3
SILÊNCIO

"O único som diferente é o sopro do ágil vento
e dos flocos macios como plumas.
Os bosques são encantadores, sombrios
e profundos, mas eu tenho promessas a manter
e quilômetros a palmilhar antes de adormecer."
(*Stopping by Woods on a Snowy Evening*,
ROBERT FROST)

O silêncio frio penetrou o ar, enquanto eu fitava, hipnotizado, o cone exaustor do motor esquerdo. Estava ardendo e emitia uma espiral de fumaça escura e ameaçadora. Pensei, por um segundo, que estava prestes a explodir ou a incendiar a asa, cheia de combustível.

3:27.32 – *Controle de Tráfego Aéreo*: Cactus quinze quarenta e nove vire para a esquerda, na direção dois sete zero.

3:27.36 – *Capitão Sullenberger*: Ah, aqui é Cactus quinze trinta e nove [sic]. Chocou com aves. Perdemos força nos dois motores. Estamos regressando para LaGuardia.

3:27.42 – *Controle de Tráfego Aéreo*: Ok, sim, regresse a LaGuardia. Vire à esquerda na direção, uh, dois dois zero.

3:27.46 – *Capitão Sullenberger*: Dois dois zero.

3:27.49 – *Controle de Tráfego Aéreo*: Torre, parem as partidas, temos um retorno de emergência...

3:27.53 – *Torre de LaGuardia*: Quem é?

3:27.54 – *Controle de Tráfego Aéreo*: É quinze vinte e nove [sic]. Ele, ah, chocou com uma ave e perdeu todos os motores. Perdeu a propulsão dos motores e vai regressar imediatamente.

3:27.59 – *Torre de LaGuardia*: Cactus quinze vinte e nove [sic] ... QUE motores?

3:28.01 – *Controle de Tráfego Aéreo*: Perdeu a propulsão dos dois motores, disse ele.

3:28.03 – *Torre de LaGuardia*: Entendido.

Olhei para trás e para o outro lado da cabina. Os outros passageiros estavam muito alarmados e tensos, mas esperavam com paciência uma comunicação por parte do piloto. Eu não conseguia imaginar o que teria provocado a falha catastrófica do motor esquerdo, por isso, olhei-o através da janela, e fiquei completamente embasbacado. Depois, apercebi-me do cheiro de fumaça e combustível dentro do avião. Será que um incêndio elétrico iria também ser deflagrado na cabina?

O avião começou a baixar e virou para a esquerda, primeiro de forma gradual, depois mais pronunciada. Eu continuava de olhos fixos no motor, como se o meu olhar fixo nele pudesse impedir a sua explosão. Os passageiros já tinham começado a perguntar uns aos outros o que estava acontecendo, não ainda com desespero, mas com um nervosismo crescente. Olhei para o homem à minha direita e expliquei-lhe que tínhamos perdido o motor esquerdo, e ele virou o pescoço para tentar vê-lo do seu assento do meio. Eu virei-me para trás e continuei a fitá-lo, pensando que, a qualquer momento, o capitão nos ia contar o que acontecera, que tínhamos perdido um motor e que íamos regressar em segurança a LaGuardia.

> 3:28.05 – *Controle de Tráfego Aéreo*: Cactus quinze vinte e nove [sic], se conseguirmos ajudá-lo, quer tentar aterrissar na pista um três?
> 3:28.11 – *Capitão Sullenberger*: Não vamos conseguir. Podemos acabar por ir parar ao rio Hudson.

Eu sentia-me interiormente abalado, mas fiz um esforço consciente por permanecer calmo. Sabia que todos os bimotores comerciais, incluindo o Airbus A-320, conseguiam voar com um só motor. Continuava a dizer para comigo: "Tudo bem, nós perdemos o motor esquerdo

41

e vamos ter de fazer uma aterrissagem de emergência. Ainda temos o motor direito, e vai correr tudo bem".

Continuámos a virar para a esquerda, depois estabilizamos e, então, eu ouvi mais uma coisa que nunca, até então, ouvira num avião: silêncio!

Cessara o ruído ou a vibração dos motores, ouvindo-se apenas um tênue rumor de vento a soprar lá fora e, talvez, um som bafejante muito fraco, cada vez mais fraco, proveniente do motor esquerdo. Virei a cabeça para a coxia e tentei chamar a atenção do homem do assento 16-F, o lugar à janela do lado direito do avião. Gritei-lhe: "Que se passa desse lado? Consegue ver alguma coisa? O motor direito produz algum ruído? Consegue ouvir alguma coisa? Perdemos o motor esquerdo".

Ele olhou pela janela, depois outra vez para mim e, de novo, para o exterior. Sacudiu a cabeça: "Não consigo ouvir nada".

O avião ia descendo gradualmente, deslizando pelo ar, no meio de um estranho silêncio, onipresente. Estava estável, mas descia sem parar e eu sabia, pela direção que tomáramos, que não nos dirigíamos para o aeroporto.

Nesse momento, senti um surto de qualquer coisa no sangue, talvez adrenalina, talvez medo, mas nada que me fizesse sentir bem. Era como se uma força invisível estivesse me comprimindo, puxando-me para o fundo do meu assento; era uma vaga de aflição que me perpassava e que brotara do meu interior. Era opressiva e esgotante, e tive dificuldade em afastar a tentação de entregar-me ao terror e ao pânico, enquanto olhava novamente pela minha janela e, depois, para os homens que estavam à minha direita. Estávamos como que petrificados, ali sentados, naquela atmosfera lugubremente tranquila, carregada de fatalismo.

> 3:28.31 – *Controle de Tráfego Aéreo*: Está bem, Cactus quinze quarenta e nove, a pista três um vai ficar livre de tráfego.
>
> 3:28.34 – *Capitão Sullenberger*: Impossível.
>
> 3:28.36 – *Controle de Tráfego Aéreo*: Okay, do que é que precisa para aterrissar?
>
> 3:28.46 – *Controle de Tráfego Aéreo*: Cactus quinze quarenta e nove, a pista quatro está disponível, se quiser ultrapassar o tráfego pela esquerda, em direção à pista quatro.
>
> 3:28.50 – *Capitão Sullenberger*: Eu não tenho certeza se conseguiremos chegar a alguma pista. O que é que fica à nossa direita, qualquer coisa em New Jersey, talvez Teterboro?
>
> 3:28.55 – *Controle de Tráfego Aéreo*: Okay, sim, à sua direita fica o aeroporto de Teterboro... Quer tentar ir para Teterboro?
>
> 3:29.03 – *Capitão Sullenberger*: Quero.

3:29.05 – *Controle de Tráfego Aéreo*: Teterboro, uh, partida de Empire, ou antes, partida de LaGuardia tem uma emergência para entrar aí.

3:29.10 – *Torre de Teterboro*: Okay, vá em frente.

3:29.11 – *Controle de Tráfego Aéreo*: Cactus quinze vinte e nove [sic] sobre a Ponte George Washington quer rumar imediatamente ao aeroporto.

3:29.14 – *Torre de Teterboro*: Ele quer entrar no nosso aeroporto, certo. Precisa de assistência?

3:29.17 – *Controle de Tráfego Aéreo*: Ah, sim, ele, ah, chocou com pássaros, posso encaminhá-lo para a pista um?

3:29.19 – *Torre de Teterboro*: Pista um, pode ser.

3:29.21 – *Controle de Tráfego Aéreo*: Cactus quinze vinte e nove [sic] vire à direita dois oito zero. Pode aterrissar na pista um de Teterboro.

3:29.25 – *Capitão Sullenberger*: Impossível.

3:29.26 – *Controle de Tráfego Aéreo*: Okay, que pista prefere em Teterboro?

3:29.28 – *Capitão Sullenberger*: Vamos amerissar no Rio Hudson.

3:29.33 – *Controle de Tráfego Aéreo*: Desculpe, repita por favor, Cactus.

Tentei ver ao longe o Aeroporto de LaGuardia, que eu sabia devia estar em algum lugar à esquerda, e cada vez mais próximo. A cidade abaixo de nós ia aumentando; parecia que estávamos exatamente acima dos telhados dos edifícios. Sentia-me incrédulo e estupefato, quase em estado de negação de tudo o que se passava. Não conseguia imaginar o que poderia ter avariado os dois motores.

Eu sabia que não podíamos estar longe do aeroporto, mas continuávamos descendo de forma inexorável em direção ao horizonte da cidade, e eu ainda não conseguia avistar nada que se assemelhasse a uma pista. Nesse preciso momento, o avião descreveu aquilo que eu recordo como uma curva descendente à direita, deixando-nos literalmente sobre o Rio Hudson. Ouvi o som característico dos *flaps* movendo-se um pouco. O capitão ainda não nos dissera nada, e parecia que se havia passado uma eternidade, embora provavelmente ainda só tivessem decorrido alguns minutos, talvez não mais de três.

> 3:29.51 – *Controle de Tráfego Aéreo*: Cactus, ah Cactus quinze quarenta e nove, perdemos o contacto por radar. Há também o Aeroporto de Newark a dois minutos e cerca de sete milhas.
>
> 3:30.06 – *Controle de Tráfego Aéreo*: Eagle Flight quarenta e sete dezoito, vire à esquerda em direção dois um zero.
>
> 3:30.09 – *Eagle Flight quarenta e sete dezoito*: Dois um zero, quarenta e sete dezoito. Não sei. Penso que ele disse que ia amerissar no Rio Hudson.

3:30.14 – *Controle de Tráfego Aéreo*: Cactus quinze vinte
e nove [sic], ainda está conectado?

À medida que o rio se aproximava, a voz que esperávamos ouvir com cada fibra do nosso ser – aquela voz a que nós nos agarraríamos, esperando respostas às várias perguntas que se entrechocavam nas nossas mentes em alvoroço – fez-se finalmente ouvir, através do intercomunicador. Eu ainda esperava ouvir alguma descrição da falha dos motores, e que iríamos fazer uma aterrissagem de emergência de novo em LaGuardia. Imagino que a maior parte dos passageiros esperava uma notícia semelhante.

A voz fez-se ouvir, autoritária e forte, mas também calma e controlada, e proferiu sete palavras: "Sou o capitão, preparem-se para o impacto".

Não íamos aterrissar em nenhum aeroporto. Eu via a água aproximar-se, e o capitão dissera "impacto" e não "aterrissagem". Ouvi um leve grito feminino, proveniente de um assento, algumas filas à minha frente, depois outro, e ouvi um passageiro sentado na fila atrás de mim perguntar: "Onde é que vamos aterrissar? O que está acontecendo?".

Eu sabia onde íamos "aterrissar". Olhei para o homem sentado à minha direita e sacudi a cabeça. "Vamos *aterrissar* na água."

Ele olhou rapidamente pela janela e, depois, fixou o olhar em frente. Notei nos seus olhos a mesma expressão que sabia devia estar nos meus: a gama completa de emoções captada num único instante, uma verdadeira janela aberta sobre a alma de um homem confrontado com a própria morte.

* * *

Olhei para o horizonte da cidade e depois para a asa. A água estava cada vez mais próxima. Pisquei os olhos, tentando calcular a nossa altitude e interrogando-me sobre qual seria a sensação de amerissar em pleno rio. Minha mente repassou imagens da queda de um 767 da Ethiopian Airlines, ao largo da costa das Ilhas Comores. Menos de dois meses antes, eu vira um documentário na televisão sobre desastres de aviação e lembrava-me de como esse avião deslizara de forma descontrolada sobre as águas e quebrara-se em vários pedaços, matando a maioria dos passageiros a bordo. Uma câmera de vídeo, de um turista de férias na costa, apanhara o desastre nos últimos segundos. Fora uma visão aterradora e, agora, essa cena passava repetidas vezes na minha mente.

Olhei para a asa, para avaliar a sua firmeza, esperando que pelo menos pudéssemos entrar na água na horizontal. "Talvez tenhamos uma chance", pensei. "Talvez alguns de nós..." Dei a mim próprio uma probabilidade de sobrevivência, muito otimista – cinquenta por cento –, muito menos, se o avião se partisse todo. Os passageiros das primeiras filas seriam os mais afortunados, pois o desfecho mais provável seria que o avião se partisse algumas filas atrás da cabina de pilotagem, e também atrás da asa, nas zonas fracas da fuselagem, precisamente no lugar onde eu estava sentado. A parte de trás do avião bateria primeiro na água, sofrendo, por isso, toda a força do impacto. O resultado seria a destruição da estrutura do avião, e a maioria dos passageiros teria morte imediata ou por afogamento, passados poucos segundos.

Senti o rosto e corpo cobertos de suor, e a minha pulsação cada vez mais rápida. Olhei de novo para os homens da minha fila, fitei-os nos olhos e pensei que devia dizer alguma coisa. Mas o quê? Limitamo-nos a olhar uns para os outros, com uma expressão de alarme e, depois, cada um de nós entrou no seu mundo, aproveitando o tempo que ainda nos restava.

Durante esses momentos, o ambiente a bordo do avião, a vista calma de Manhattan e o azul profundo do céu límpido enchiam tudo de uma estranha tranquilidade. Pensei em toda a minha família, na minha mulher e nos meus quatro filhos, e meus olhos encheram-se de lágrimas. Pensei como seria difícil para eles, e como eu ia sentir a falta deles, e fiquei triste, muito triste, por ter de deixá-los. Limitei-me a abanar a cabeça e a olhar para o meu cinto de segurança, e depois fechei os olhos.

Minha experiência no campo da aviação não podia ajudar-me mais, enquanto eu estava ali, sentado e imóvel, lutando contra o medo e a avassaladora dissolução de energia, provocada pela força invisível do pânico. "Agora, tenho de me voltar para Deus", pensei para comigo. "Tenho de me agarrar à minha fé, seja ela fraca ou forte. Eu sei que ela vai ser posta à prova, talvez acima da minha capacidade de aceitação. Será mergulhada no crisol e eu terei de entrar com ela, de mãos dadas, enquanto ela me conduz pela porta que me espera no meio do nevoeiro desta situação impossível. E tenho de avançar como o homem que sou, neste exato momento, aqui sentado neste avião, e não como aquele homem que eu gostaria de vir a ser um dia. E não posso ter medo de avançar."

Embora não possa afirmar que via a minha vida passar como num filme diante dos meus olhos, experimentei uma variante dessa situação. Pensei na minha vida de forma holística – adolescente, rapazinho e já homem feito. Minha mente assemelhava-se, naquele momento, a um "miniautojulgamento" e revisão de vida. Eu fizera um esforço genuíno por dar o meu melhor, mas cometera vários erros. Tentara ser caridoso e generoso com o meu êxito pessoal, e tentara viver ao máximo a minha fé católica, com toda a diligência, mas sabia que podia ter feito melhor, muito melhor. Avaliei a minha relação com Deus e descobri grandes falhas. Contudo, recebera o sacramento da Reconciliação no fim de semana anterior, e, naquele mesmo dia, a Comunhão, na Catedral de São Patrício. Podia considerar-me o mais preparado possível para me encontrar com Deus, mas continuava a querer desesperadamente dispor de mais algum tempo.

Ponderei, por alguns instantes, a minha caminhada de fé – quanto tempo levara para finalmente alcançá-la – e como me esforçara para vivê-la bem. Pressenti a iminência do juízo; eu sabia que iria enfrentar cada uma das decisões da minha vida ao emergir da porta da morte, e interroguei-me sobre qual seria o meu merecimento aos olhos de Deus. Fugira tantas vezes dele, correndo para as diversões do mundo... Agora, não podia correr mais. Na minha mente, tudo ruía sobre mim – o bem e o mal que eu praticara, as alegrias e as esperanças que tivera, as vitórias que alcançara e os revezes que sofrera – enquanto estava ali, sentado, naquela máquina silenciosa que, dentro de segundos, passaria a ser o meu barco salva-vidas ou o meu caixão.

4
METANOIA

"Fugia dele, ao longo das noites e dos dias,
fugia dele, ao longo dos arcos dos anos,
fugia dele, através dos caminhos labirínticos
da minha própria mente;
e, por entre lágrimas, dele me escondia."
(*The Hound of Heaven*, FRANCIS THOMPSON)

Quando entrei na faculdade, abandonei a religião. Na verdade, o meu afastamento da Igreja começara durante os dois últimos anos do liceu, cedendo ao ambiente secularizado de casa e da escola. Quando era calouro, na faculdade, as exigências acadêmicas, a moradia estudantil, as festas de fim de semana e todas as outras tentações que acompanhavam a vida longe de casa mantiveram a minha mente muito afastada de Deus e da fé.

Além das circunstâncias informais e mundanas da vida universitária, a cada ano algum acontecimento importante fazia-me sentir zangado com Deus. Nas primeiras semanas do meu ano de calouro, meu colega de quarto morreu num acidente terrível, enquanto jogava futebol americano. Apanhou a bola e, enquanto corria, caiu; o impacto, ao bater no chão com a bola contra o peito, provocou o rompimento de um nervo fundamental ligado ao coração. Levantou-se e, em seguida, caiu morto no chão. Eu e outros rapazes fizemos uma homenagem fúnebre na capela do *campus*, e lembro-me claramente de, no meu coração, ter culpado Deus por aquele acidente. O meu colega era a alma mais bondosa e inteligente do nosso quarto de oito calouros, e aquela fora uma forma muito decepcionante de começar minha vida acadêmica.

No ano seguinte, o marido da minha mãe, com quem ela estava casada há doze anos, morreu de repente de ataque cardíaco. Eu fiquei preocupado, sem saber se ela aguentaria viver sem ele. Como é que Deus podia deixar que aquilo acontecesse à minha mãe?

Durante meu terceiro ano, o negócio do meu pai faliu e ele deixou de pagar as minhas mensalidades, por isso, tive de pedir empréstimo estudantil para poder chegar ao fim dos estudos. Finalmente, durante o meu último ano, ele teve de deixar a nossa casa, no sudeste da Flórida, e foi como se o capítulo final da minha juventude tivesse chegado ao fim.

Todos esses acontecimentos me fizeram sentir frustrado em relação a Deus, reacendendo o velho sentimento de que eu não podia contar com nada para garantir a estabilidade e a segurança da minha vida.

Por alguma razão, porém, eu continuava acreditando em Deus, por muito frágil ou tênue que fosse essa crença, pois raciocinava que o universo e os seus mecanismos eram demasiado complexos para terem surgido por puro acaso. Também suponho que me mantinha agarrado a vestígios românticos fragmentados da minha fé católica, a vagas memórias que pairavam na minha mente. Em ocasiões muito raras, posso até dizer que tenha rezado. Mas esses momentos foram poucos e muito dispersos.

* * *

Depois de me formar, mudei-me para Atlanta e tentei lançar uma empresa de software com um amigo de faculdade. No decurso de um ano tive três empregos, até que, exausto e desiludido, desisti da ideia da empresa. Humilhado, contentei-me com um cargo de contador principiante numa companhia fiduciária regional. Minha vida nessa época seria, provavelmente, a vida típica de muitos jovens recém-formados: trabalho durante a semana e festas nos fins de semana. O tênis era um esporte muito popular em Atlanta e, como eu tinha jogado no liceu, tornou-se uma boa oportunidade para fazer exercícios e amizades. Quando o meu namoro de faculdade terminou, comecei a sair com várias mulheres, de modo informal e sem compromisso.

Por mais agradável que a minha vida, aparentemente, tivesse se tornado, eu sentia alguma coisa roendo-me continuamente em meu íntimo: alguma coisa que não conseguia explicar e que não queria admitir. Era um misto de frustração e ansiedade, alimentadas pelo vazio de sentido da minha vida que, a essa altura, eu não compreendia. Também perdera o interesse pela leitura, tornando-me cada vez mais incapaz de concentrar minha atenção em qualquer coisa que exigisse paciência.

Até que certa tarde de um fim de semana, sozinho em meu apartamento, enquanto pela janela olhava uma fila de árvores situadas atrás de um depósito de água, fui invadido pela necessidade avassaladora de escrever. Pensei como a vida podia ser solitária e quão limitada era a capacidade da alma humana de ajudar a si mesma. Minha inquietude interior precisava ser extravasada, por isso, peguei lápis e papel e comecei a escrever. Nas semanas seguintes esbocei alguns poemas, tentando traduzir em palavras o estranho torpor que sentia dentro de mim. Um deles, em particular, transmite o meu estado de espírito de então, enquanto me esforçava por estabelecer contato com cada alma isolada do mundo, que pudesse sentir o mesmo anseio que eu:

Um sono assustador, lúgubre e profundo,
Lentamente nos envolve num cárcere,
E nós choramos num reino vazio,
Que assim começa o seu caminho.
Este, a seu tempo, passa a ser o nosso curso,
Por uma força existencial aniquilado,
Envolvido numa concha de remorso –
Que dia a dia mais duros nos vai tornando.
Contudo, pela nossa natureza devíamos mostrar,
Àqueles que à nossa volta pudessem compreender,
A nossa fraqueza desordenada, tão cansada –
Pedindo-lhes então alguma ajuda.
Quietos e silenciosos, esperamos, com medo
De partilhar aquilo que nos é caro,
Fechar o espaço entre nós tão próximo –
E longe daqueles nós nos perdemos.
Assim, no fim, fazemos do nosso estresse
Uma parte de nós, maior que tudo o resto,
Retemos o que devíamos expressar –
E para longe nos afastamos, para muito longe.

É provável que, neste momento, você pondere a hipótese de que eu deveria ter consultado um psiquiatra para tentar levantar o meu ânimo. Compreendo perfeitamente. Um poema muito sombrio: foi o que também eu pensei, quando escrevi estas linhas. Contudo, elas me ajudaram, de algum modo, a reconciliar-me com o misterioso sentido de vazio que sentia e, durante algum tempo, escrever me fez sentir melhor.

Nos dois anos seguintes, consegui subir na empresa, mas tive de me mudar de novo para Charlotte. Eu começara a gostar muito de viver em Atlanta, então essa mudança foi uma opção difícil, mas eu sentia que tinha sido essa a decisão certa para a minha carreira. Além disso, hoje vejo que estar afastado do meu círculo de amigos e ter de adaptar-me a um novo emprego obrigou-me a confrontar-me com a minha ausência de paz e autoestima.

Pensando que fazer exercícios poderia ser a solução, comecei a correr pelo bairro, embora não gostasse disso de verdade. Em breve, já conseguia percorrer cerca de oito quilômetros por dia. Meus fins de semana passaram a ser momentos solitários; podia jogar uma partida de tênis ocasional, dar uma corrida e, depois, passar o resto do fim de semana dormindo.

* * *

Numa tarde muito quente, voltei para casa e sentei-me, mais desanimado do que nunca. Meu apartamento estava muito sossegado. Por alguma razão desconhecida – talvez pelo tédio ou pelo impulso da graça –, decidi vasculhar numa caixa guardada no meu armário, que continha objetos sentimentais da minha infância. Deparei, então, com uma velha Bíblia de família. Folheei-a e li algumas linhas, aqui e ali. Era uma triste herança de dias perdidos, que me recordou os tempos em que a minha família ainda estava unida.

Depois, qualquer coisa me aconteceu. Senti como se a porta da minha alma, desde há muito fechada e bem trancada pelo meu orgulho e cinismo interiores, se abrisse por um breve instante. Pousei a Bíblia. Estivera sentado no chão, ao lado da minha cama, e nesse momento ajoelhei-me ali mesmo, cruzei as mãos e baixei a cabeça. Era como se alguma coisa dentro da minha cabeça movesse os meus membros, reensinando-me a rezar. Eu não me lembrava há quanto tempo não rezava assim – talvez desde a minha primeira infância, talvez nunca o tivesse feito. Não me lembrava de nenhuma das orações aprendidas na escola, a não ser da Oração do Senhor (o Pai-Nosso), e esforcei-me por recordar todas as palavras. Eu não sabia como deveria rezar ou como abordar Deus pessoalmente. A única referência de que dispunha provinha dos evangelistas que via na televisão, como Billy Graham, que falava do valor de entregar a vida a Cristo.

Por isso, rezei a Oração do Senhor o melhor que pude e, em seguida, comecei a falar com Deus, com toda a sinceridade. Empenhei o meu coração e a minha alma nessa oração, humilhando-me, ora perguntando a Deus se ele existia realmente, ora pedindo a sua ajuda. Por muito imperfeitas que a minha oração e a minha conversa com Deus tenham sido nesse dia, sentia-me profundamente contrito. Depois disso, senti-me melhor, embora não soubesse o que devia fazer a seguir.

Com o passar das semanas, comecei a rezar mentalmente, de forma espontânea, a Oração do Senhor, enquanto dirigia ou corria. Até comecei a ler a Bíblia e, por breves momentos, sintonizava, fascinado, os evangelistas na televisão, aos domingos. A essa altura, conheci a minha futura mulher, e começamos a namorar. Minha vida parecia estar tomando um rumo mais promissor. De vez em quando, pensava em retomar as missas, mas alguma coisa me detinha. Pensava que não estava preparado para ser acolhido de novo por Deus. Na realidade, porém, tudo isso era apenas obra do meu orgulho e egoísmo.

* * *

Numa tarde de fim de semana, vi um documentário sobre Fátima na televisão. A história estava centrada em três pastorinhos, pobres e sem instrução, que viviam num vilarejo perto de Lisboa, em Portugal. A 13 de maio de 1917 teriam visto a Mãe de Jesus, que continuou a aparecer-lhes, sempre no mesmo dia, até o mês de outubro. No início ninguém acreditava nas crianças, que chegaram a ser perseguidas, mas, a certa altura, cerca de setenta mil pessoas assistiram a um fenômeno sobrenatural, que passaria a ser conhecido por "Milagre do Sol". As crianças também tinham recebido várias profecias, que vieram a se cumprir.

Embora eu já tivesse ouvido relatos de aparições da Virgem Maria, costumava descartá-las rapidamente, como ilusões ou piedade excessiva. Contudo, aquele documentário produziu em mim uma profunda impressão. Sentia-me atraído pela história de Fátima e li tudo o que consegui encontrar sobre ela.

Certo dia, pouco tempo depois, estava sentado no meu escritório, pensativo. Estava quase na hora do almoço. Geralmente, comia ali mesmo, trabalhando enquanto almoçava; naquele dia, porém, senti-me impelido a levantar-me e a procurar uma igreja. Era um impulso interior que, de repente, me dominara com uma estranha urgência, como um convite de última hora para fazer uma longa viagem, tendo apenas alguns minutos para me decidir.

Há vários anos que eu não entrava em igreja alguma, mas liguei o carro e saí. Lembrava-me de ter visto uma igreja católica em algum lugar na zona norte de Charlotte. Entrei na igreja, que estava vazia e mergulhada em silêncio. Havia vitrais de cores vivas que representavam cenas do Evangelho. Senti toda aquela paz envolvendo-me e caminhei lentamente até o altar, observando atentamente cada vitral, ao passar por eles. Estava impressionado com a miríade de cores que entravam pelas janelas e iluminavam aquele santuário.

Aproximei-me do sacrário, onde se guarda a Eucaristia, ficando de pé, por um momento, mas depois ajoelhei-me. Pensei na minha vida: a minha busca de Deus, de alguma verdade maior que pudesse guiar a minha vida. Pensei no tempo que desperdiçara e em como muitos dos meus atos e modos devem ter ofendido a Deus. Apercebi-me de uma profunda claridade que incidia sobre a minha vida e senti um grande desgosto pelas minhas transgressões passadas, começando, então, a chorar, em silêncio. Quase sentia o abraço de Deus, enquanto sopesava esses anos vazios. Fiquei ali ajoelhado durante quase uma hora e, quando saí daquela igreja, sabia que era, de certo modo, um homem transformado. O amor por Cristo e pela Igreja fora infundido – ou melhor, reatado – no meu coração, e eu tinha vontade de aprender tudo o que fosse possível sobre a minha fé e de melhorar a minha vida. Pensei que aquela experiência poderia ser a resposta à oração que rezara alguns meses antes, embora não compreendesse ao certo o que estava acontecendo comigo.

Comecei a ler livros – dezenas de livros – sobre teologia. Li livros sobre os santos e a história da Igreja. Também investiguei as origens do Rosário, essa antiga devoção cristã de que ouvira falar, pela primeira vez, no tal documentário sobre Fátima. Supostamente, havia quinze promessas feitas àqueles que rezassem com sincera devoção, e uma delas impressionava-me em particular: "Quem recitar o Rosário devotamente, meditando sobre os seus sagrados mistérios, nunca será vencido pelos infortúnios... nem perecerá sob uma má morte".

Embora eu me sentisse intrigado por esse tipo de promessas, admito que toda essa ideia de um acordo entre Deus e os cristãos devotos, por intermédio da Mãe de Cristo, me parecia um pouco infantil. No entanto, sentia que a minha experiência era demasiado profunda para voltar para atrás, por isso, tinha de continuar a avançar na fé sozinho. Comprei um livrinho sobre o Rosário e tentei rezar. Nessa altura, também soube da existência do Terço da Divina Misericórdia, uma oração devocional com as contas do Rosário, que me pareceu muito eficiente. Fui progredindo nas minhas disciplinas espirituais diárias, sentindo uma grande iluminação e consolo, graças a elas.

Liz e eu casamos, e empenhei-me em fazer tudo o que pudesse para viver bem a minha fé. Esforcei-me por aceitar e acreditar em tudo o que a Igreja ensinava. Quanto aos ensinamentos que não compreendia plenamente, investigava-os, questionava-os e, depois, refletia sobre eles. Todos eles faziam todo o sentido para mim, pois os via como um mosaico, como uma mistura profundamente interligada de variantes críticas e lisonjeiras, que não se podiam separar, formando um todo. Sentia-me fascinado pela sua beleza e adorava sua sabedoria. Maravilhava-me sua profundidade. Nada me parecia suficiente. Sentia-me feliz por estar vivendo duas luas de mel: uma com a minha mulher, outra com a Igreja Católica.

Liz e eu tivemos o nosso primeiro filho durante o primeiro ano de casados, e o segundo durante o segundo ano de casados. Embora nos sentíssemos muito felizes e gratos pelos nossos rapazinhos, ambos trabalhávamos ao mesmo tempo em que estávamos aprendendo a ser casados e a ser pais, numa espécie de curso intensivo. Decidimos que, embora fosse difícil em termos financeiros, seria preferível para os nossos filhos que Liz ficasse em casa e cuidasse deles por tempo integral. Todo o peso das finanças da casa estava agora sobre os meus ombros e, embora o meu zelo pela minha fé recém-encontrada me desse uma grande força e energia, a fase da lua de mel, tanto do meu casamento como da minha conversão, tinha acabado. Nosso casamento já não estava centrado apenas em nós, mas nos nossos filhos, e o trabalho exigia-me cada vez mais tempo e energia.

* * *

O dia em que eu fiz a minha primeira viagem de negócios foi muito sombrio. Se, nesse momento, eu tivesse tido a noção do número de viagens que teria de suportar nos anos seguintes, provavelmente desataria a chorar. Meu êxito profissional traduziu-se em mais viagens e, com as viagens, surgiu o estresse e, com mais estresse, foi surgindo também um desencantamento interior, sutil, mas palpável. A situação devia-se, em parte, ao fato de a minha mulher não partilhar comigo o mesmo zelo pela fé católica e de eu não entender por que razão ela não tivera uma experiência de conversão semelhante à minha. Eu esperava demasiado dela e, também, estava desanimado pela minha falta de habilidade em "persuadi-la" a ter uma devoção mais robusta, que pudéssemos partilhar – isto é, naqueles períodos em que eu não estava em viagens de negócios pelos quatro cantos do mundo.

Liz desempenhava de uma maneira fantástica as suas funções de esposa e de mãe amorosa dos nossos filhos, e estávamos os dois aprendendo a nos conhecer e a nos comunicar de forma efetiva em meio às lutas cotidianas. Era naturalmente difícil para ela entender meu zelo pela fé católica (aliás, nem eu próprio o entendia completamente!), e sentia um desapontamento compreensível, por não estar na mesma onda espiritual que a minha mulher.

Com o acréscimo de carga de trabalho aumentada, viagens e a vivência de várias fases de paternidade simultâneas, comecei a ter de me esforçar para manter a força da fé, que tanto me ajudara na minha experiência de conversão e nos primeiros anos de casado. De certo modo, convencera-me de que os sentimentos de satisfação e de autorrealização que conhecera, nas fases iniciais da minha conversão, estariam sempre presentes, fosse qual fosse a minha situação ou atitude. Contudo, embora eu fizesse grandes progressos e aprendesse muito acerca da minha fé, com o tempo, a fadiga e o estresse começaram a arrefecer o meu zelo. Rezar o terço passara a ser um mero exercício e, depois, um fardo, uma tarefa diária que agora se tornara mais temida do que apreciada. Estava deixando que os espinhos da vida sufocassem a minha espiritualidade, e a minha mente estava demasiado ocupada com os acontecimentos mundanos e com o meu trabalho. O meu ego estava sendo derrubado, e eu tentava resistir a esse processo, e, nessa resistência, residia o meu engano.

Eu pedira e recebera. Procurara e encontrara. Batera e a porta tinha-se aberto para mim. Atravessara a porta e ficara deslumbrado com o que vira. A Mãe de Deus dera-me a mão e conduzira-me até o seu Filho e seus ensinamentos. Meu espírito distendera-se sob a luz pura do reino da verdade e, durante algum tempo, fora demasiado fácil para mim praticar aquilo que aprendera. Naqueles dias iniciais da minha viagem espiritual, eu talvez tivesse pensado que me estava transformando, rapidamente, numa espécie de mestre espiritual. Que loucura! Não passava de uma criancinha na fé, que mal sabia andar.

Não me lembro em que dia, ao certo, tive de me aventurar para fora desse lugar celestial para ser posto à prova, o dia em que a cobertura açucarada do meu docinho espiritual derreteu e tive de saborear a amargura da falta de consolação. Mas esse momento chegou, e comecei a atravessar um vale que se ia tornando mais escuro e agreste a cada passo que dava, e não perseverei como deveria. Assim, começou a minha descida para um novo vazio. O meu crepúsculo espiritual instalava-se, e o ar foi-se tornando gélido. Uma noite escura e fria ia-me envolvendo, e seria muito longa!

5
ESCOLHA

Criastes-nos para vós, Senhor,
e o nosso coração não descansa
enquanto não repousar em vós.
(*Confissões*, SANTO AGOSTINHO)

O brilho do pôr do sol era refletido pelas janelas de vidro dos prédios de Nova York, cegando-me momentaneamente. Desviei o olhar da janela para o mundo dos vivos e, enquanto o Rio Hudson se aproximava, correndo ao nosso encontro, interroguei-me sobre qual seria a sensação do contato com o ar abaixo de zero e com a água gélida.

Pensei em procurar o meu celular ligar para casa, para deixar uma última mensagem de despedida à minha mulher e aos meus filhos. Puxei a minha pasta de debaixo do assento à minha frente – esquecendo-me que o tinha guardado no bolso – e, depois, reconsiderei. Já não tinha tempo, pensei, e não queria que os sons de uma amerissagem de emergência dentro de um avião fossem o meu legado verbal. Por isso, comecei de novo a empurrar a minha pasta para baixo do assento da frente, lembrando-me, de repente, que colocara o livro da Pietà numa bolsa lateral. Retirei-o, rapidamente, e coloquei-o no bolso da minha camisa, perto do coração.

Nesse momento, deu-se uma pequena epifania na minha mente. Pensei no Terço da Misericórdia que rezara na véspera e recordei as palavras dirigidas por Cristo a Santa Faustina: nada seria recusado, se fosse pedido às três da tarde. Eu também não tinha tempo para pegar de novo no livrinho – estávamos a poucos segundos da água –, por isso, pensei apenas na imagem de Cristo na capa. Consegui imaginá-la de forma muito clara: com a mão erguida, num gesto de bênção, um leve sorriso no rosto, e os raios de luz a sair, em feixe, do seu coração.

"Para onde correrás agora?" Esta pergunta ocorreu-me de súbito à mente. "Vais-te reconciliar e confiar? Tens de escolher."

A minha consciência falava-me, não com palavras, mas com uma linguagem muito precisa – era um pensamento puro, muitíssimo claro, formulado instantaneamente, sem ambiguidades nem nervosismos.

Mentalmente, e com toda a devoção e intensidade que me eram possíveis, pedi: "Deus, por favor, tem misericórdia de nós, por amor ao vosso Filho. Por favor, poupa-nos. Eu confio em ti. Jesus, eu confio em ti. Bendita Mãe de Deus, por favor, ora por nós". Depois, rezei o Pai-Nosso, uma Ave-Maria e olhei de novo pela janela: já estávamos abaixo dos prédios na linha do horizonte, precipitando-nos para o rio.

Nesse preciso momento, um homem, passageiro como eu, exclamou: "Faltam vinte segundos para o impacto!". Eu não sabia nem me importava como é que ele conseguira deduzir isso. As comissárias de bordo não paravam de repetir: "Preparem-se para o impacto, preparem-se para o impacto! Abaixem a cabeça, abaixem a cabeça!". Observei os outros, enquanto se curvavam; olhei de novo para a janela. Outros passageiros gritavam para os que se encontravam nas filas das saídas de emergência: "Preparem-se para as portas, preparem-se para abrir as portas!". Vi um homem fazer menção de se levantar, olhar para trás e acenar com a cabeça. Depois, voltou a sentar-se. Senti-me melhor, pelo fato de os passageiros, junto às saídas de emergência, estarem preparados para abrir as portas, por muito remota que fosse a probabilidade de o avião ficar inteiro.

Nesse momento, aconteceu-me qualquer coisa que é difícil de traduzir por palavras. Senti uma subida de adrenalina perpassar todo o meu corpo, todos os meus nervos pareciam ter ficado em alerta. Tudo me parecia estar distendendo-se, como se o tempo estivesse se atenuando, e a falta de movimento dentro da cabina, bem como a estranha paz da nossa aproximação do rio, fazia com que o mundo parecesse ter parado de repente. Senti como se alguém estivesse empurrando as portas da minha consciência, um empurrão firme, mas suave, que me levava a tirar a mesma conclusão. A minha mente sentia-se agitada, como se eu precisasse fazer alguma coisa, mas o quê? Estávamos prestes a chocar com um rio gelado e a minha mente dizia-me para *fazer alguma coisa?* O quê?

Aquela voz silenciosa chegou à minha alma e formou palavras na minha consciência. A pergunta – e a resposta – manifestaram-se ao nível da minha mente:

Estás disposto a aceitar a minha vontade para a tua vida?

Então percebi, e tudo se tornou muito claro para mim: "Tenho de escolher, agora. É a única coisa que me resta fazer. Pode ser a última decisão da minha vida terrena, mas não posso esquivar-me dela. Qual é a minha decisão? Será que vou conseguir? Conseguirei aceitar o desfecho, seja ele qual for, mesmo que seja a morte?".

Eu sabia que precisava decidir se estava disposto a aceitar tudo o que dizia respeito à minha situação – que era aquela a vontade de Deus para mim, naquele dia, em que eu optara livremente por fazer aquela viagem. Tinha de abrir caminho através do meu conflito mental, quer aquela ocorrência tivesse por desfecho a morte ou a vida, me trouxesse dor ou alegria, alguns sobrevivessem e outros morressem, sem eu poder fazer nada para salvar os outros ou a mim. Precisava me reconciliar com o fato de que não era eu que detinha o controle da situação, e de virar a costas a Deus, levado pelo orgulho e pela raiva, ou voltar-me todo para ele, com humildade, aceitando a sua vontade, por muito imperscrutável que esta fosse e sem medir as consequências. O rio corria na minha direção e eu tinha de decidir.

Eu desconhecia a origem daquela pergunta... seria Deus, seria a minha consciência?... isso pouco importava. Fora perfeitamente formulada e esperava a minha resposta. Como o capitão, que dentro de segundos teria de decidir por onde deveria fazer deslizar um avião a jato de setenta e três toneladas para minimizar a perda de vidas, eu tinha de tomar uma decisão sobre para onde deveria orientar a minha vontade e a minha alma, e ceder todo o controle – cedê-lo à misteriosa vontade de Deus. Fechei os olhos e continuei a visualizar mentalmente a imagem de Jesus que vira na véspera, no livrinho da Misericórdia, e rezei de novo: "Por favor, tem misericórdia de nós. Por favor, tem misericórdia... Mas está bem... aceito morrer hoje, se for essa a tua vontade".

* * *

Estávamos suficientemente próximos da água para detectar as correntes que provocavam uma suave ondulação. Pensei nas pessoas que estavam trabalhando nos edifícios ou dirigindo seus carros, e como eram afortunadas; a tranquilidade do rio e a normalidade do mundo pareciam um sonho em comparação com o nosso tormento. Era tão estranho saber que eu estava ali sentado, fisicamente muito bem, mas que dentro de poucos instantes poderia morrer. Se ao menos pudéssemos sair do avião e saltar para terra, ficaríamos todos bem... Tão perto da segurança e, no entanto, tão longe dela!

Depois, percebi que alguma coisa mudara na minha atitude interior. A tenebrosa força etérea que estivera a puxar todo o meu ser para baixo, enterrando-o no assento, como um surto de gravidade, tinha-se dissipado. Envolvera-me um sentimento de paz, bem como a reconciliação de uma multidão de emoções conflituosas que varriam todo o meu ser, acabando por se dissipar. Olhei à minha volta e vi vários passageiros com as cabeças baixas, alguns de mãos dadas. Vários gritos abafados, provenientes da fuselagem silenciosa, pareciam fazer um ligeiro eco, dissipando-se em seguida.

Pensei de novo na minha família e nos meus filhos, como ia ser duro para eles. Contudo, também sentia uma enigmática sensação de calma, envolvendo-me e sustentando-me. Estava resignado, se bem que otimista. Talvez tivesse tido de tomar a última decisão da minha vida e sabia que decidira bem. Esperava que a morte fosse rápida e que eu ao menos pudesse perceber que ela chegara no momento do choque. Pensei como Deus fora misericordioso e paciente comigo, preparando-me para aquele momento ao longo dos últimos meses e semanas. A renovação das minhas devoções espirituais, a minha visita à Catedral de São Patrício, o estado pensativo em que me encontrava desde o Natal... tudo isso agora fazia sentido. Deus estava preparando-me para meu encontro com ele e eu sentia-me grato por isso, bem como pelo tempo de vida que ele me dera e pelas muitas bênçãos que derramara sobre mim.

"Dez segundos!", gritou o homem de novo, e eu baixei a cabeça, agarrando o braço esquerdo do assento e pousando a mão direita no peito. Senti com os dedos a superfície lisa do livrinho de orações, no meu bolso, fechei os olhos e comecei a sussurrar silenciosamente a oração de São Miguel Arcanjo. A viagem estava prestes a terminar, e eu ainda não desistira de ter esperança. O combate interior chegara ao fim.

6
ESCURIDÃO

"Quero viver em espírito de fé.
Aceito tudo o que me acontecer
como dádiva da amorosa vontade de Deus,
que deseja sinceramente a minha felicidade.
Por isso, aceitarei com submissão e gratidão
tudo o que Deus me enviar."
(*Diário de Santa Faustina*)

Após os dois primeiros anos da minha experiência de conversão, minha viagem espiritual tornara-se uma batalha, travada nas planícies, em constante mutação da minha vida. No início da minha carreira, eu fora um *trabalhador compulsivo*, trabalhando de noite e aos fins de semana. Depois de Liz e eu nos casarmos e termos filhos, embora não ficasse no emprego até altas horas, continuava deixando-me consumir pelo trabalho. O estresse profissional acompanhava-me continuamente, afetando a minha vida familiar. Tendia a interiorizar as coisas e sabia que a oração ajudava, mas rezava correndo, tornando-me incapaz de manter uma abordagem humilde e sem reservas em relação à minha caminhada com Deus.

No entanto, em termos de carreira e de perspectiva financeira, a minha vida era boa. Embora o meu trabalho fosse muito exigente e me levasse com frequência para os confins do mundo, a empresa estava indo bem e eu era objeto de promoções frequentes. Era o mercado mais poderoso do novo milênio, e eu sentia certa satisfação com os meus feitos comerciais. Nunca me considerara demasiado ambicioso, mas hoje, olhando para trás, vejo que o êxito profissional e financeiro ocupava uma parte mais importante da minha psique do que gostaria de admitir. Eu colocava todo o meu impulso e as minhas faculdades mentais no meu trabalho, que absorvia tudo o que tinha para dar, exigindo-me sempre mais.

Depois, quase no fim de 2003, as coisas começaram a mudar, mas não para melhor. Alguns dias antes do Natal, nasceu o nosso quinto filho, prematuro, quase quarenta e cinco dias antes do tempo, com um distúrbio cromossomático muito raro, que dá origem a múltiplas complicações. Liz e eu passámos as duas semanas seguintes, incluindo o Natal e o Ano-Novo, na UTI neonatal, esperando algum milagre que lhe permitisse sobreviver. Contudo, no sábado, 3 de janeiro de 2004, o nosso quinto e último filho, Aidan Michael Berretta, morreu nos meus braços.

Nas semanas que se seguiram, debati-me com uma vasta gama de emoções, incluindo raiva contra Deus pela morte do meu filho. Eu sabia que devia estar sendo ainda mais difícil para Liz, que o levara durante oito meses dentro de si, sabendo que, provavelmente, não teria muito tempo de vida. Contudo, sentia-me grato pelo fato de o termos tido, embora a sua vida tivesse sido tão curta. Ele fazia parte da nossa família, parte das nossas vidas, e eu sentia que, de certo modo, ele continuava conosco em espírito.

Depois, ao fim de apenas dois meses, a crise familiar abateu-se de novo sobre nós. Havia vários meses que meu pai, então com 68 anos, não se sentia bem. Ao voltar para casa depois de uma viagem de negócios, certa noite de março, minha mulher recebeu-me com a notícia de que tinham diagnosticado em meu pai um câncer do pâncreas, já avançado, em fase terminal. Senti como se tivessem me dado um soco no estômago, com vontade de morrer ali mesmo. Deram ao meu pai um ano de vida, no máximo, mas ele morreu depois de apenas quatro meses, comigo a seu lado.

Assistir ao declínio tão rápido da sua saúde, com breves períodos de alívio, na sequência das transfusões de sangue, foi esgotante e deprimente. Ter visto o meu filho e depois o meu pai lutarem pela sobrevivência, debatendo-se para respirar, e tendo estado presente junto de ambos nos momentos finais produziu um profundo efeito em mim. Eu sabia que precisava reavaliar minhas prioridades. Ao mesmo tempo, porém, as pressões no trabalho estavam intensificando-se. Minha empresa, que sofrera recentemente uma fusão, precisava produzir mais. Por isso, concentrei todas as minhas energias no trabalho e, quer se tratasse de uma válvula de escape ou, antes, de uma desculpa, deixei que ele me consumisse de novo.

A situação parecia estar tornando-se cada vez mais difícil. Os desafios no trabalho tornaram-se muito intensos, provocando ainda mais tensão na minha vida familiar. Eu sentia que Deus estava me sobrecarregando demais, lutando por conservar a minha fé vacilante. Na verdade, eu não confiava plenamente em Deus, embora pensasse o contrário.

* * *

Pouco à vontade e desiludido, voltei a fechar-me em mim mesmo: a minha típica tática de defesa. As coisas não estavam indo nada bem e sentia-me impotente para deter aquela espiral descendente. Meu único escape possível parecia ser voar. Consciente da minha paixão,

Liz oferecera-me de presente as minhas primeiras lições de pilotagem, alguns anos antes e, como é óbvio, eu ficara imediatamente rendido.

Acabaria por comprar o pequeno Piper, no qual tivera a minha primeira lição, mas, em breve, senti necessidade de mais; doei-o a uma instituição beneficente e comprei um avião maior, com seis lugares. Levara mais tempo para conseguir a minha licença de piloto do que era habitual, em parte intencionalmente, em parte pelas circunstâncias. Quando passei no exame, portanto, já era muito competente. Voava quase sempre sozinho, o que me fazia sentir satisfeito e em paz. Pilotar um avião dava-me uma sensação de liberdade e de ter a minha vida sob controle. Finalmente, podia satisfazer aquele sonho latente que alimentara, havia tanto tempo, na juventude, e durante algum tempo foi maravilhoso.

Naturalmente, a aviação particular pode ser perigosa. E certo dia, com bom tempo, enquanto praticava decolagens e aterrissagens, quase tive um acidente. Logo a seguir à decolagem do aeroporto municipal, onde guardava o meu avião, enquanto apontava o nariz do avião para baixo por breves instantes para poder ver à minha frente, avistei um Cessna 172 voando na minha direção, à mesma altitude. O piloto não se incomodara em comunicar as suas coordenadas nem a sua aproximação ao aeroporto. Anunciei imediatamente pelo rádio que ia descrever uma viragem à direita, procedimento evasivo geralmente utilizado para evitar uma colisão no ar. Ao virar, vi que o outro avião continuava a voar em linha reta – em rota de colisão com a minha posição anterior. Não ligou às minhas comunicações pelo rádio, limitando-se a seguir a sua rota.

Noutra ocasião, foi também por um triz que não tive um acidente. Enquanto decolava do Aeroporto Internacional de Charleston, à noite, subi até 6.500 pés, a caminho dos 7.500, e, então, percebi que não podia subir mais. Estabilizei o avião, liguei o piloto automático e comecei a verificar os instrumentos. Parecia tudo em ordem: temperatura do óleo, pressão do óleo, pressão do combustível, bomba de vácuo, voltímetro etc. Fiquei perplexo. O motor tinha força suficiente para voar na horizontal, mas insuficiente para subir mais. Contactei por rádio a aproximação de Charleston e expliquei a situação. Perguntaram-me se eu estava declarando uma emergência; repliquei que não, pelo menos por enquanto. Estavam bastante atarefados com os outros aviões e deram-me as coordenadas de um pequeno aeroporto perto de Moncks Corner, na Carolina do Sul. Embora, provavelmente, eu pudesse regressar a Charleston, não queria correr riscos. Lembrei-me do ditado secular do aviador: "Há pilotos velhos (*old*) e pilotos ousados (*bold*), mas não há pilotos velhos e ousados (*old and bold*)". Pensei ainda no outro ditado: "É preferível estar no solo desejando estar no ar, do que estar no ar desejando estar no solo".

O controle de tráfego aéreo indicou-me que estava mesmo por cima do pequeno aeroporto, mas as luzes da pista estavam exatamente abaixo de mim, e as asas do avião impediam-me de vê-las. Dei início a uma descida lenta, em curva, e observei o ponteiro do meu altímetro descendo, enquanto eu descrevia círculos, tentando localizar o aeroporto. Dois mil, mil e quinhentos, mil. Eu sabia que se não conseguisse localizar rapidamente a pista a situação tornar-se-ia rapidamente precária. Acabaria, provavelmente, por rasar as árvores e me estatelar nos campos sombrios.

Sabendo que estava exatamente em cima da pista, decidi alongar um pouco mais a minha curva, esperando avistar as luzes da soleira da pista ou o balizamento. Sem saber o porquê, lembrei-me de uma frase do filme *Águia solitária*, em que Jimmy Stewart interpreta o papel de Charles Lindbergh, o primeiro piloto a fazer uma travessia transatlântica, de Nova York a Paris. Estava esgotado, ao fim de trinta e três horas de voo, depois de se ter confrontado com gelo, nevoeiro e outras circunstâncias muito difíceis, e, ao aproximar-se de Paris, quase desfalecido, rezou: "Ajuda-me, meu Deus". Repeti essa simples oração, mentalmente, enquanto manobrava o avião, numa tentativa de encontrar o aeroporto. Finalmente, quando já estava a duzentos pés acima do solo, avistei as luzes tênues da pista. Fiz uma aproximação abrupta à esquerda, a sota-vento, virei rapidamente da perna de base para a aproximação final e, depois, baixei até o meio da pista, detendo-me quase na outra extremidade, a pouco mais de quinze metros dela. Permanecera sempre calmo, como me tinham ensinado, mas, já no solo, percebi que estava suando e tremendo ligeiramente. Mas conseguira safar-me.

Depois, vim a saber que o motor do meu avião perdera um cilindro, pouco depois da decolagem, sem dar sinal disso. Eu tivera sorte mais uma vez e, como sucedera no incidente anterior, talvez não tivesse tomado a ocorrência suficientemente a sério.

* * *

À medida que 2006 se aproximava, a economia continuava a florescer e a empresa que eu geria estava tendo o melhor ano de crescimento da sua história. Eu nunca fizera um cruzeiro e sempre desejara fazer um, por isso, decidi levar a minha família numa travessia transatlântica, de Nova York à Inglaterra, no Queen Mary II.

Alguns dias depois do início da nossa viagem, o capitão anunciou-nos um fato interessante. Disse-nos que estávamos passando junto do local onde o Titanic tinha afundado. Esse pensamento me fez pensar sobre o destino dos passageiros dessa fatídica viagem, enquanto passeávamos pelo convés naquela noite fria e ventosa. Senti muita pena pelo sofrimento que eles deviam ter suportado. Não conseguia imaginar o suplício deles: muitos morreram de hipotermia, minutos depois do naufrágio, outros foram ao fundo com o navio, resignados com o seu destino, outros ainda agarraram-se à vida dentro de pequenos barcos, esperando que os viessem salvar.

Enquanto a minha família e eu jantávamos na noite seguinte, lembro-me de ter sentido uma solicitude e gratidão particulares pela minha vida, apesar das suas dificuldades. Meus investimentos tinham dado bons resultados e lembro-me de ter pensado na possibilidade de me aposentar cedo, se tudo continuasse no rumo certo.

O cruzeiro foi relaxante, e a semana seguinte, na Inglaterra, foi agradável e tranquila, mas o regresso ao trabalho foi como cair naquele oceano gelado que tínhamos acabado de atravessar. Minha caixa de entrada estava abarrotada de e-mails cheios de más notícias. Os mercados de capitais começavam a apresentar o efeito dominó após o colapso dos títulos a curto prazo, sustentados por garantias *subprime* adicionais [crédito hipotecário de risco]. Ao fim de poucos meses, sucederam-se mais quedas, umas após as outras. Vi o setor de gestão de ativos, que eu próprio ajudara a construir e conduzira durante tantos anos, começar a diminuir, embora nenhuma parte dele tivesse estado envolvido na criação de hipotecas *subprime*. Éramos apenas uma das muitas vítimas da derrapagem econômica global. Eu não fazia ideia – aliás, poucos economistas faziam – de que a gênese do desastre das *subprimes* conduziriam a uma crise de crédito global como nunca se vira desde a Grande Depressão.

Quando a última peça do dominó caiu, no outono de 2008, eu, como muitos outros americanos, estava muito mais pobre do que antes. Grande parte das ações da nossa família tinham-se perdido e as minhas contas de poupança visando à aposentadoria tinham baixado de forma significativa. Os planos de opção de compra de ações que possuía, e que no passado valiam uma pequena fortuna, tinham perdido todo o seu valor. No entanto, eu era mais afortunado do que os muitos milhares de pessoas que estavam perdendo seus empregos, porque a economia, que sofrera a mais agressiva derrota da história da América, chocara-se contra um iceberg negro e estava afundando rapidamente.

No meio de todo aquele caos de aflição, medo e bombardeio dos meios de comunicação sobre o drama, uma vozinha ainda fraca começou a ressoar aos meus ouvidos. Se recebi uma nova graça, ou se Deus utilizara o sofrimento, a morte e o colapso financeiro para me humilhar e me tornar mais receptivo aos seus apelos, não sei dizer. Contudo, estava decidido a prestar atenção a essa voz, para poder reorganizar minhas prioridades e recuperar o zelo que perdera. Por isso, tomei uma resolução de Ano-Novo: melhorar a minha vida espiritual, aprofundar o meu comprometimento em termos de fé e a minha relação com Deus.

Li a história de uma mulher que rezou o Rosário durante quase doze horas a fio, o tempo em que permaneceu escondida debaixo de uma cama de hotel, na cidade de Mumbai (Bombaim), enquanto vários terroristas percorriam os corredores em busca de hóspedes e de funcionários. Ela e seu marido sobreviveram, milagrosamente, a esse martírio, e eu me lembrei das promessas associadas ao Rosário de que tivera notícia havia tanto tempo. Esse testemunho inspirou-me, e comecei a recuperar essas antigas e piedosas devoções que em parte havia abandonado, rezando o terço todos os dias e fazendo o possível para meditar sobre os episódios do Evangelho, com atenção, humildade e empenho.

Quando chegou o mês de janeiro de 2009, o novo ano trouxe consigo uma sensação diferente. Era uma coisa que eu não conseguia identificar com precisão – uma coisa que me deixava pensativo e me obrigava a refletir. Vi com uma nova clareza que sempre estivera demasiado ligado às coisas materiais, demasiado confiante na segurança transitória que elas pareciam oferecer e demasiado inclinado a acreditar que conseguia controlar a minha vida.

Tal descoberta inspirou-me ainda o desejo de me tornar mais disciplinado na oração diária. Pensei em todo o tempo, esforço e sacrifício que pusera na minha carreira, muitas vezes às custas do convívio familiar, e como isso agora valia pouco. Eu não lamentava ter trabalhado duro – entenda-se –, apenas lamentava o fato de ter feito do trabalho o objeto central da minha mente, do meu tempo e da minha vida.

* * *

Na segunda-feira, 12 de janeiro, cheguei em casa muito tarde, vindo do trabalho, e sentei-me para jantar. Meus filhos estavam acabando as tarefas de casa e preparando-se para ir para a cama, por isso, liguei a televisão para assistir ao noticiário. Assisti durante alguns minutos: era a mesma conversa tétrica sobre economia, em paralelo à iminente posse presidencial. Decidi mudar para o canal católico, EWTN, tentando encontrar um programa mais animador.

Estava precisamente começando a exibição da biografia de um sacerdote redentorista alemão chamado Francisco Xavier Seelos, que veio para os Estados Unidos, em 1843, a fim de servir os imigrantes alemães. A par da minha resolução de Ano-Novo, eu andava pensando no modo como poderia criar uma rotina simples para a minha vida diária de oração que me ajudasse a permanecer devidamente centrado e disciplinado. A biografia do Padre Seelos apresentava-o como um homem humilde e muito prático, que talvez tivesse algumas respostas para mim. Depois de terminado o programa, dei um beijo de boa-noite nos meus filhos e fui para o computador, onde encontrei um site dedicado ao Padre Seelos, que oferecia um guia em dez passos adotado por ele: era perfeito para a minha vida de homem casado e pai. Ao fim de alguns minutos de leitura, deparei com uma citação que ficou gravada na minha mente: "Não é a tua justiça, mas a misericórdia de Deus, o motivo da tua confiança. Ele é o Deus de todas as consolações e o

Pai das misericórdias. Ele não deseja a morte dos pecadores, mas que eles se convertam e vivam".

O fato de o Padre Seelos centrar-se na misericórdia de Deus impressionou-me. Há muitos anos que eu não pensava na misericórdia divina. Em vez disso, formara na minha mente a imagem de um Deus frustrado comigo pela minha falta de avanço na vida espiritual, pela inconstância da minha fidelidade interior. Contudo, como o Padre Seelos me lembrou noutra passagem: "A assistência do poder divino é claramente visível, de tal modo que, muitas vezes, ficamos emocionados ao ver a grande misericórdia e bondade de Deus!".

Percebi que tinha sido demasiado duro comigo mesmo, e que, depois, deixara que o desânimo me dissuadisse ainda mais. É uma armadilha fácil, na vida espiritual. A falta de perseverança dá origem a erros e a permissividade, e isso conduz ao desânimo, que impede o voo da alma. Assim como todo piloto aprende nos treinos a evitar a temida espiral da morte, também cada cristão deve voltar, quando os seus motores espirituais avariam após a decolagem, a abandonar-se com confiança na infinita misericórdia de Deus. As palavras do Padre Seelos viriam a se tornar, para mim, não só edificantes, mas também, dentro de poucos dias, proféticas.

7
IMPACTO

"Era, para ele, como se a rocha fosse uma porta
gigantesca e dura, que dava para outro mundo.
Um acesso de medo, de choque e de escuridão
no momento do embate, e depois começou a flutuar."
(*Fernão Capelo Gaivota*, RICHARD BACH)

O esguio avião embateu na água. O choque foi muito
mais violento do que eu esperava, como se tivéssemos
aterrissado sobre cimento, com o trem de aterrissagem
recolhido e sem nada que absorvesse o impacto. Minha
cabeça bateu duas vezes contra o assento da frente, com
muita força, mas eu não senti dor, embora tivesse feito
um galo na cabeça. Houve um som semelhante ao de
uma explosão de água, o avião foi sacudido com violência para trás e para adiante, e eu pensei que a morte se
daria a qualquer momento. Viria quando a fuselagem se
partisse e a água nos atingisse a cento e quarenta milhas
náuticas por hora? Teríamos de deslizar sobre o rio e de
ser lançados do avião, morrendo instantaneamente ou

afogando-nos passados alguns segundos? Os meus sentidos, em tensão, tentavam adivinhar o que estaria por vir, como se eu pudesse, de algum modo, preparar-me para isso e defender-me.

Depois, no meio daquilo que soava como se fosse uma forte queda de água, senti que a gravidade nos puxava com força para a direita, enquanto a parte de trás do avião girava no sentido contrário ao dos ponteiros do relógio, como um carrossel de um parque de diversões. Enquanto deslizávamos, senti que, finalmente, tinha chegado a hora. Aqueles eram, por fim, os momentos culminantes. O avião estava prestes a virar e partir-se ao meio. Pensei que a qualquer momento morreria ou cairia num estado de inconsciência.

De repente, o avião parou de girar e o som da água foi diminuindo lentamente. O avião balançou um pouco, olhei para cima e fiquei estupefato com o que vi. Estávamos flutuando, com o nariz apontando ligeiramente para fora de água e a fuselagem intacta!

Passado o choque de continuar vivo e de perceber o avião flutuando, aparentemente inteiro, olhei para o homem da minha direita e exclamei: "Nós vamos conseguir! Nós vamos sobreviver!". Ele assentiu ao meu otimismo com uma inclinação de cabeça afirmativa e, depois, olhou para o corredor. Os passageiros começaram a gritar uns para os outros: "Vamos! Vamos!" e "Avancem já!".

Poucos segundos depois de o avião se ter estabilizado na água, os passageiros começaram a levantar-se, agarrando as almofadas dos seus assentos e avançando pelo corredor. Alguns passageiros, impulsivamente, procuraram a sua bagagem, mas outros exclamaram: "Deixem isso! Saiam já!".

Quando chegou a minha vez de me levantar tentei erguer-me e percebi que o meu cinto ainda estava afivelado. Abri rapidamente o fecho metálico, sabendo que estávamos perdendo minutos preciosos nesse processo. Procurei debaixo do assento, tentando encontrar o colete salva-vidas. Toquei-lhe com as mãos, mas não consegui agarrá-lo com força. Tive de me levantar de novo e seguir em frente. Chegara a minha vez, e eu não queria atrasar os outros. Precisava mover-me rapidamente e, depois de me endireitar e de olhar para o corredor, minha mente tentou calcular com que rapidez estaríamos afundando, por isso, não me passou pela cabeça abaixar-me de novo para pegar a almofada do assento. Nessa altura, já estava no corredor, como parte da massa de seres humanos que avançava lentamente até as portas de emergência.

Enquanto caminhávamos em direção às portas, ouviam-se alguns gritos e choros, mas, de modo geral, tudo correu com bastante ordem. Olhei para baixo, à minha direita, e avistei uma mulher sentada sozinha, completamente imóvel, parecendo petrificada. Parei e disse-lhe que avançasse; ela se levantou, juntando-se ao grupo de pessoas, em estado de choque. Quando já estava próximo da porta do lado esquerdo, lembrei-me que ia ter de nadar, e que, ao contrário da maior parte dos passageiros que estava vendo, não dispunha de nenhuma almofada ou colete salva-vidas. Calculava que conseguiria nadar durante cerca de vinte minutos, mas sabia que as águas frias não me permitiriam aguentar muito mais tempo.

Ao chegar às portas de emergência, a maior parte dos passageiros que ocupavam as filas à frente das asas já tinha sido evacuada. Eu sabia que não havia hipótese de regressar ao meu lugar, por isso avancei e comecei a procurar debaixo de cada fila, esperando encontrar alguma almofada sobressalente. Contudo, só havia estruturas de assentos vazias e o tapete por baixo delas. De repente, quando estava prestes a abandonar as buscas, avistei uma almofada solta sobre a estrutura de um assento, quatro ou cinco filas mais à frente. Peguei-a e retrocedi até as portas de emergência do lado esquerdo.

Minha mente trabalhava a toda a velocidade, tentando predizer o que estava para acontecer. Qual seria a sensação ao entrar na água? Durante quanto tempo poderia sobreviver dentro dela? As mulheres, crianças e idosos serão os primeiros a ser salvos, e é justo que assim seja, mas o processo será lento e todos nós estaremos dentro de águas gélidas. Durante quanto tempo poderei sobreviver a isso? Será que conseguirei nadar o tempo suficiente? Terei de nadar até a margem?

Continuas confiando?

Quanto tempo levará o avião para afundar? Aliás, já começou a ir para o fundo. Avançar para as portas. Um passo de cada vez. Sair do avião e entrar na água. Há que se evitar qualquer erro. Devo ajudar os outros, se possível. Vamos saindo. Lá fora veremos o que se pode fazer. Já sobrevivemos até aqui. É incrível que o avião não tenha partido. Você vai conseguir! Nós vamos conseguir!

De que é feita a tua fé, neste momento?

Enquanto me abaixava um pouco para passar pela porta, só esperava entrar imediatamente na água, agarrado à minha almofada de assento. Não havia nada na minha experiência ou até na minha imaginação que me preparasse para aquilo que vi a seguir.

* * *

Quando endireitei a cabeça e emergi, piscando os olhos, através da porta, havia vários passageiros caminhando ao longo da asa, com os pés completamente mergulhados na água. Ao passar para cima da asa, tive de começar ajoelhando-me, evitando assim escorregar, e segurei-me com uma mão à fuselagem. Passei para a direita e fiquei de pé, no canto da asa, no ponto em que esta se ligava ao avião. Equilibrei-me aí e virei-me para dar uma mão aos passageiros que estavam saindo por essa mesma porta. Outro homem colocou-se de pé à minha esquerda, fazendo o mesmo que eu.

Olhamos para a margem, nas duas direções, tentando calcular a distância. "A que distância acha que estamos?", perguntei-lhe. "Distantes demais", replicou ele. As correntes eram fortes e estávamos vendo os contornos dos prédios, intensamente, no horizonte. Mesmo que as correntes não nos afogassem, as águas geladas certamente seriam a nossa morte. "Que venham os barcos e os helicópteros!", disse eu, em voz alta, sabendo que eles viriam... só não sabendo quando ou quantos.

Em seguida, olhei de relance para a parte da frente do avião e vi extensões infláveis saindo das portas e que flutuavam como barcos salva-vidas. Na extensão inflável da esquerda, na parte da frente do avião, já havia alguns passageiros, mas ainda não parecia cheia. Meti a cabeça de novo pela porta, para ver se havia outra extensão do lado oposto do avião. Uma comissária de bordo caminhava ao longo do corredor, continuando a instruir os passageiros sobre a forma de saírem para cima da asa. Olhei para ela e perguntei-lhe se ainda havia espaço nas extensões infláveis e se havia outra destas, do lado direito do avião. Ela respondeu que sim às duas perguntas. Enquanto os passageiros continuavam saindo para a nossa asa, eu recomendava-lhes que avançassem e entrassem nas extensões salva-vidas, visto que a asa, apinhada de gente, ia afundando, pouco a pouco. Alguns passageiros avançaram e outros continuaram saindo para a asa.

Havia alguns passageiros dentro da água, nadando, e eu percebi que se dirigiam para a asa ou para as extensões infláveis. Não sabia se eles tinham saltado instintivamente para o rio ou se tinham caído acidentalmente da asa. Quando se aproximavam, outros passageiros os ajudavam a subir para a asa, arriscando o seu próprio lugar estável para ajudar aqueles que tentavam desesperadamente sair da água gélida.

Enquanto estava ali de pé, senti-me eufórico por todos nós, aparentemente, termos conseguido sobreviver à amerissagem de emergência e pelo fato de o avião ter ficado intacto e flutuando o tempo suficiente para conseguirmos sair. Calculava – como certamente muitos outros terão calculado – que acabariam chegando vários barcos e, talvez, um ou dois helicópteros. Mas também previa que o avião começaria a afundar, cada vez mais depressa, à medida que a parte de trás da fuselagem fosse enchendo de água. Olhei para a almofada de assento que tinha nas mãos e examinei as duas correias na parte detrás dela. Pensei que poderia ajudar-me a manter-me à tona da água, mas será que conseguiria nadar com ela? Queria manter a maior mobilidade possível. Vi outros passageiros vestindo os coletes salva-vidas e percebi que seria prudente ter um, por isso, esperei que a porta se desobstruísse e entrei de novo no avião.

Ainda havia alguns passageiros no corredor do lado direito, avançando para as portas de saída do outro lado. Regressar ao meu lugar era impensável. Olhei para a esquerda e, exatamente à frente da cabina de pilotagem estava um membro da tripulação. Pareceu-me ser essa a minha melhor opção: talvez houvesse mais coletes guardados em algum lugar naquela zona.

Ao virar para a esquerda, avistei uma velhinha que caminhava com dificuldade, com outra passageira atrás de si que a ajudava. Segui atrás delas, tentando tranquilizá-las, tanto a elas como a mim, enquanto nos encaminhávamos para a parte da frente do avião.

Chegamos à zona da copa, onde um membro da tripulação ajudou as duas mulheres a saírem para a extensão inflável ligada à porta direita. Perguntei-lhe se não havia algum colete salva-vidas sobressalente e, realmente, recebi um, mas não faço ideia de onde teria saído. Fiquei de pé dentro do avião, junto à porta da direita, e examinei o colete, tentando encontrar a presilha. Estava ligeiramente embaraçada, e as minhas mãos, que tinham estado dentro da água por breves instantes, depois do contato com o ar gélido, estavam dormentes e tremiam ligeiramente. Nesse momento, outro membro da tripulação, que estivera de pé à minha direita, vendo-me debater com o colete, pegou-o e desembaraçou a presilha. Em seguida, deu-me breves instruções sobre como vestir o colete. Ao fazê-lo, não parava de olhar para o corredor, para ver como estava decorrendo a evacuação. Nesse momento, não percebi que aquele homem era o capitão Chesley Sullenberger, mas a sua atitude, a um só tempo fria e cordial, animou-me de imediato. Percebi que era um dos pilotos e agradeci-lhe por me ajudar e por nos ter salvado, e depois voltei a sair pela porta.

Enquanto deslizava pela extensão inflável, que realmente funcionava como um barco salva-vidas, senti o frio penetrar-me e percebi que, sobretudo a minha mão direita, estava tremendo. A extensão estava apinhada de gente e afligiu-me pensar que alguns passageiros poderiam entrar em pânico, fazendo-nos virar. Tentei manter a calma. Como a maior parte das pessoas, calculava que o avião ficaria completamente submerso a qualquer momento. Nessa altura, os passageiros da asa direita já tinham água pela cintura. Muitos estavam de mãos dadas e bem juntos, para manter o calor e ajudar-se mutuamente, de todas as formas possíveis. Percebi que estavam todos olhando para a direita: alguns gritavam, outros pareciam petrificados.

Em seguida, avistei a causa do seu fascínio: um grande ferryboat, que abrandara a velocidade ao aproximar-se da asa. Foi um alívio incrível ver que a ajuda estava chegando, e fiquei contente por ver que se dirigia para aquela asa. Aqueles passageiros precisavam desesperadamente ser salvos em primeiro lugar, visto que o avião continuava afundando-se lentamente daquele lado.

Os passageiros da nossa extensão inflável continuavam a circular, alguns tentando manter-se de pé, outros acenando com as mãos. Eu voltei a olhar para a porta do avião, e, depois, de novo, para o ferryboat. O lado direito do avião estava completamente na sombra da fuselagem, por isso, não consegui perceber se os barcos já tinham chegado ou não. Senti, então, uma lufada de vento soprar sobre nós e ouvi o som familiar de um rotor de helicóptero. Este descreveu um semicírculo, exatamente atrás da cauda do avião, e olhei para ver se trazia mergulhadores socorristas.

O avião continuava afundando, pouco a pouco, e, embora estivessem procedendo ao salvamento dos passageiros da asa direita, a operação parecia lenta. Cada passageiro teve de avançar até certa zona da asa e tentar agarrar-se aos lados da escada presa à proa do ferryboat. Era uma tortura vê-los tentar calcular o momento exato em que deviam agarrar-se à escada, e muitos acabavam caindo na água. No entanto, foram-se ajudando um a um, esperando a sua vez de alcançar a segurança e de regressar de novo ao mundo.

* * *

Olhei de novo para a água e fiquei petrificado, com um novo tipo de medo. Percebi que havia duas cordas que ligavam a nossa extensão pneumática ao avião. Eu não fazia ideia de quanto tempo demoraria a operação de salvamento dos passageiros que estavam sobre a asa, mas era fácil perceber que, quando o avião finalmente afundasse, levaria o nosso salva-vidas com ele, deixando-nos a todos lutando pela nossa própria vida dentro daquela corrente de água gélida. Eu não podia acreditar que, tendo aguentado até ali, agora nos confrontássemos com aquilo que parecia ser um desfecho inevitável.

O meu instinto era agarrar-me às cordas, por isso, peguei na da esquerda. Puxei com a mão esquerda, enquanto me estabilizava na extensão salva-vidas com a direita. Foi difícil, mas a corda soltou-se ao fim de poucos segundos. Em seguida, troquei a posição das mãos, agarrando na corda direita com a mão direita. Esta não se moveu, embora eu a tivesse puxado com todas as minhas forças. O homem sentado atrás de mim, à direita, também agarrou na corda e ambos puxamos juntos. Aquele momento pareceu-nos desesperador, como a última batalha a travar naquela bizarra agonia de medo; a situação parecia-nos disparatada e injusta. A corrente de ar descendente provocada pelos rotores do helicóptero estava novamente acima de nós, e o vento assemelhava-se a facas que me atravessavam o corpo. O outro homem e eu percebemos que era inútil tentar soltar o outro cabo. Eu fitei-o e exclamei: "Dá para acreditar nisto? Aguentamos até aqui e agora vamos parar todos no rio!".

Enquanto olhávamos para o ferryboat ao largo da asa direita, avistamos outro, vindo de trás do avião: depois de descrever uma curva apertada para a esquerda, abrandou rapidamente. Aproximou-se da asa e, ao fazê-lo, o primeiro ferryboat retrocedeu e, depois, virou na nossa direção. Foi uma manobra perfeita, poupando minutos preciosos no processo, pois evitara que o segundo barco tivesse de dar a volta, descrevendo uma curva mais larga. O ferryboat aproximou-se e nós tentamos ficar sentados e imóveis, só à espera, receando que, se nos puséssemos de pé, a extensão pneumática virasse. A proa ia aumentando de tamanho e aproximou-se de nós na oblíqua, fazendo o salva-vidas inflável balançar.

Eu olhei de novo para o cabo e ocorreu-me o seguinte pensamento: *temos de encontrar alguma coisa para cortá-lo.* Gritei para os poucos homens que estavam de pé no convés junto à proa, enquanto eles começavam a atirar-nos coletes salva-vidas: "Precisamos de uma faca! Precisamos de uma faca! Podem arranjar-nos uma faca ou qualquer coisa que corte?". O homem que me tentara ajudar a soltar a corda também gritou, mas os homens do convés fitavam-nos, perplexos.

Finalmente, um deles percebeu a nossa situação aflitiva e começaram a falar entre si. Um deles aproximou-se da amurada do barco e fitou-me, segurando um canivete na mão. Eu ajoelhei-me no salva-vidas, fixando os olhos nele. Ele lançou lentamente o canivete e eu concentrei-me profundamente, tentando apanhá-lo. O canivete caiu-me nas mãos e eu apertei-o com força. Consegui! No entanto, eu tinha as mãos tão frias e dormentes, por terem estado dentro da água e tentando soltar o cabo, que não consegui obrigar os meus dedos a abrir a lâmina. Estendi-o a outro passageiro que o abriu e, depois, devolveu-me. Cortei a corda, quase me debruçando demais, mas bem seguro pelo outro homem, e finalmente nos libertamos do avião. Dei-lhe de novo o canivete, pois não conseguia fechá-lo. Um canivete aberto num barco inflável não é uma combinação recomendável, por isso, ele atirou-o de novo para o convés.

O ferryboat, que se encostara suavemente ao nosso pneumático, estava disponível para nos ajudar. A escada, com duas barras grossas prateadas de cada lado, já estava ao nosso alcance. A mulher que se encontrava mais perto da escada foi a primeira a subir, ajudada por dois homens de pé, junto dela. Foi um processo árduo, que parecia processar-se em câmera lenta, dolorosamente metódica. Cada vez que um passageiro começava a subir a escada, o inflável afastava-se da proa do barco.

Na extremidade do pneumático mais próxima do ferryboat eu estendia continuamente os braços, tentando agarrar-me aos lados da escada para manter o pneumático estável. Era um esforço inútil, porém, visto que as ondas nos balançavam sem parar, e o progresso da operação continuava lento. Olhei para cima, e um homem que se encontrava no convés do barco, vários metros acima de mim, deve ter lido o meu pensamento, pois, sem dizer nada, baixou a ponta enlaçada de uma corda muito grossa, na qual eu meti o meu braço direito, segurando-a com força com a mão direita. Ambos tínhamos tido a mesma ideia, de forma simultânea: eu seguraria uma ponta e ele, a outra, estabilizando o inflável e mantendo-o o mais próximo possível do ferryboat.

"Consegue atar essa corda ao inflável?", gritou ele lá do alto.

Abanei a cabeça. Não havia nenhuma borda ou protuberância a que se pudesse amarrar a corda, por isso, eu sabia que a única opção era ficar ali de pé, segurando-a com a mão direita.

Nesse preciso momento, a senhora de idade que tivera dificuldade em sair do avião avançou até a borda do pneumático, mas muito vacilante. Como foi incapaz de se içar para a escada, três homens envolveram-lhe a cintura com outra corda grossa e, depois, começaram a puxá-la lentamente. Percebi que ela se segurava à escada o melhor que podia, tentando utilizar qualquer vestígio de força que lhe restasse nos braços e nas pernas. Conseguiu chegar ao topo, desapareceu sobre a borda do convés e todos nós gritamos de alegria e alívio.

Enquanto as mulheres iam saindo uma a uma, improvisamos uma escada com as almofadas dos assentos, para que a subida até à borda do inflável fosse menos instável. Todos temíamos que alguém caísse ao sair do inflável, tentando saltar para a escada.

Nesse momento minha mão direita estava quase completamente dormente, e eu comecei a abaná-la continuamente, para manter a circulação do sangue. Os passageiros iam avançando com cuidado para a escada do ferryboat e subindo para a liberdade. Parecia-me tão demorado vê-los subir, um a um, enquanto antecipava ansiosamente a minha vez.

Finalmente um homem alto, o último presente no inflável além de mim, fitou-me e fez-me sinal para subir. Eu acenei com a cabeça e limitei-me a dizer: "Eu estou bem, quero manter o pneumático bem preso". Tinha medo que, se soltássemos a corda, nos afastássemos do barco. O homem subiu pela escada e desapareceu.

Retirei a laçada da corda do meu braço direito e agarrei-me à escada. Para não me apressar demasiado, arriscando-me a escorregar, tentei fixar bem o pé em cada degrau. Fui subindo, passo a passo, tiritando, até o topo. Quando avistei o último degrau, ergui os olhos e vi dois homens, cada um deles me estendendo um braço. Olhei para os pés para ver se eles estavam bem fixos nos degraus, para não escorregar. Quando cheguei ao topo da escada e avancei para o convés, os homens envolveram-me com os braços, dando-me palmadinhas nas costas, enquanto eu caminhava no meio deles. Os meus olhos encheram-se de lágrimas pela primeira vez e tentei conter-me. Eles exclamaram: "Ótimo trabalho! Vocês estão bem, conseguiram, conseguiram salvar-se, todos vocês conseguiram!".

Ao entrar pelas portas abertas da cabina do ferry-boat, o calor do ar interior fez-me sentir como se estivesse entrando numa sala aquecida por uma lareira gigante. A atmosfera envolveu-me e eu tirei o meu colete salva-vidas e deixei-o cair no chão. Vi um passageiro de joelhos e outro chorando. As pessoas abraçavam-se umas às outras; algumas faziam ligações em seus celulares. Eu comecei a andar para trás e para adiante, tentando aquecer-me da cabeça aos pés, esperando que os meus pés e as minhas mãos não tivessem sofrido queimaduras pelo frio. Minha mente repetia-me continuamente: "Estou vivo! Consegui! Acho que todos nós conseguimos!".

Este último pensamento produziu em mim o maior sentimento de euforia que eu jamais experimentara na minha vida.

8
VIDA

"Pois a morte começa com o primeiro sopro de vida,
e a vida começa com o toque da morte."
(JOHN OXENHAM, poeta e jornalista inglês)

WOLF BLITZER (Apresentador da CNN) – Vamos continuar com esta notícia de última hora, aqui, no programa *The Situation Room*. Um avião da U.S. Airways – que vemos ali – está pousado no Rio Hudson. É um Airbus A-320, com cento e trinta e cinco pessoas a bordo, segundo nos disseram. É o Voo 1549 da U.S. Airways, que partiu de LaGuardia, na cidade de Nova York, com destino a Charlotte, Carolina do Norte. Segundo informações, pouco depois da decolagem, teve de amerissar no Rio Hudson que, como sabem, não está muito distante do aeroporto de LaGuardia. Está precisamente ao largo de Manhattan.

Não temos notícia de feridos ou vítimas fatais e, se observarmos bem as imagens, podemos ver que há muitos barcos e ferryboats cercando o avião. Podemos ver que grande parte do avião ainda se encontra à superfície da água, mas já começa a afundar. Não sabemos qual a profundidade do Rio Hudson naquele ponto. Muito bem, como podemos ver, ali está o avião, bem no centro da tela. E também podemos ver os barcos, os ferryboats, que o circundam. A Guarda Costeira informou, segundo a nossa correspondente da Homeland Security, Jeanne Meserve, que foram lançados ao Rio Hudson coletes salva-vidas, para o caso de os passageiros tentarem sair do avião. Está muito frio em Nova York, menos de sete graus negativos, e a temperatura da água do Rio Hudson deve estar por volta de quatro graus positivos. Enquanto vamos observando o que se passa, podemos ver mais barcos dirigindo-se para o avião A-320 da U.S. Airways, que saiu de Nova York e tentava regressar de novo a LaGuardia.

Peter Goelz, ex-diretor-geral do Departamento Nacional de Segurança dos Transportes, entrou neste momento em contato telefônico conosco. Como sabe, Peter, ainda há poucos dias estávamos comentando que não tinha havido um desastre de aviação grave nos dois últimos anos. Agora, para nossa surpresa, estamos assistindo a isto. Mas olhe bem para estas imagens. Pode ver a cauda do avião a flutuar ali, Peter.

PETER GOELZ – Extraordinário. Ontem, durante o almoço, o Secretário dos Transportes mencionou esse recorde. E lembro-me de que, vários dentre nós, batemos na madeira. Acho que não adiantou... É verdadeiramente extraordinário, Wolf.

BLITZER – Qual é o procedimento para evacuá-los? Disseram-nos que há cento e trinta e cinco pessoas a bordo daquele avião... no Rio Hudson, neste preciso momento, não? Qual vai ser o procedimento? Porque, ao que parece, aquele avião, se o observou há alguns instantes atrás, estava mais acima da água do que está neste momento.

GOELZ – Sim, não há dúvida. O avião está afundando. Neste caso, as saídas sobre as asas é que devem ser utilizadas. E, como sabe, neste momento, elas estão na sombra.

BLITZER – Então, como é que aquelas pessoas vão conseguir sair daquele avião?

GOELZ – Vai ser esse o desafio. Elas vão ter de sair por cima da asa. E se as portas da frente ou de trás estiverem abertas, elas... elas estarão, no mínimo, parcialmente submersas.

BLITZER – Será possível abrir a... digamos que a porta da parte da frente do avião, se a... ou as duas portas da frente, porque o avião parece estar mais elevado à frente, como é óbvio, do que atrás, perto da cauda. Será possível abrir aquelas portas, se estiveram parcialmente submersas?

GOELZ – Podem abrir-se, mas é mais arriscado.

BLITZER – Porque, então, a água pode invadir o avião?

GOELZ – Exatamente.

BLITZER – Então, numa circunstância como esta, as comissárias de bordo, o piloto, o copiloto, foram treinados para fazer o quê?

GOELZ – Bem, eles foram treinados para abrir essas portas, mas é terrivelmente difícil treinar alguém para uma situação como esta. A maior parte da formação é para acidentes no solo. E, quando se tem um avião que, neste momento, está mais submerso do que estava há cinco minutos, há dificuldades muito concretas. Só podemos rezar para que muitos daqueles passageiros tenham conseguido sair do avião, antes de ele começar a ser inundado pela água.

* * *

Enquanto eu friccionava os braços e as pernas para tentar aquecer-me, procurei o meu celular no bolso esquerdo. Tinha-me esquecido completamente que ele estava ali, e, no meu estado de choque, nem sequer dera por ele. Interroguei-me se ainda estaria funcionando, e, quando o liguei, ele voltou à vida como se nada tivesse acontecido. Nesse momento, minha assistente estava me ligando. Ela e centenas de milhares de outras pessoas tinham ouvido as notícias e estavam vendo o avião pela televisão, enquanto ele flutuava nas águas do Rio Hudson.

Comecei, então, a discar o número do telefone de casa, depois de olhar para o relógio para ver as horas. Eram 15h47m, e eu sabia que minha mulher devia estar saindo para ir buscar os nossos dois filhos mais velhos, Jonathan e Evan, na parada do ônibus escolar. A secretária eletrônica atendeu e eu deixei uma breve mensagem. Em seguida, liguei para o celular, supondo que devia ter o rádio ligado, pois, muitas vezes, ouvia as notícias no carro.

Ela atendeu, e eu gritei:

— Estou bem, estou bem! Ainda bem que consegui falar com você!

— É bom ouvir isso... Eu também estou bem — replicou ela, um pouco perplexa.

Percebi que ela não sabia o que estava acontecendo. Respirei fundo e disse:

— Desculpe, acabei de sair do Rio Hudson; o avião caiu e eu fiquei em cima da asa, mas agora estou num barco, estou bem. Acho que todo mundo se salvou. Os noticiários não devem parar de falar disto, por isso, ligue-me quando chegar em casa.

Liz sabia das minhas tendências ocasionais para piadas, e deve ter pensado, por um momento, que eu estava brincando. Mas depois percebeu, pelo meu tom de voz, que eu estava realmente falando sério, por muito disparatada que aquela história parecesse.

— Oh, meu Deus, você está mesmo bem? Não posso acreditar! — exclamou.

— Estou ótimo, só que com muito frio. Ligue a TV quando chegar em casa, e eu ligo para você assim que puder e souber mais alguma coisa sobre o que aconteceu. Amo você!

Estávamos chegando ao cais e ouvi o som dos motores do ferryboat dando marcha a ré. Atracamos e todos nós saímos, encaminhando-nos para a área do terminal. Lá estava a polícia, socorristas e outras pessoas à nossa espera. Comecei a andar em círculos, tentando recuperar a sensação vital, nas mãos e nos pés. Enquanto caminhava do ferryboat para a área do terminal, meu celular tocou de novo e eu vi que era uma chamada do colega de trabalho com quem falara pouco antes de embarcar no avião. Atendi: "Olá, Joe, está ligando para me dizer que o meu avião acabou de cair?". "Estou!" – replicou ele –, "e estou muito contente por você estar bem!". Demos uma breve risada, e eu me senti bem por ter um momento de bom humor no meio da inacreditável tensão pela qual acabara de passar.

Chegaram mais funcionários à área do terminal e começaram a contar os passageiros. Parecia que cerca de sessenta passageiros tinham sido trazidos para o nosso terminal, e fui informado de que havia mais três áreas para onde outros passageiros tinham sido levados. Havia sido montada uma cafeteria provisória, e fui pedir um café. Enquanto bebia o primeiro gole, um policial aproximou-se e perguntou o meu nome. Perguntou-me se precisava de roupas quentes e, então, avistei um caixote ali perto, cheio de agasalhos e calças. Vesti um suéter azul escuro, agradeci-lhe e, em seguida, ele se dirigiu a outro passageiro.

* * *

BLITZER – Soledad O'Brien está no local, para nós, em Nova York. Soledad, o que é que está vendo? O que é que está ouvindo?

SOLEDAD O'BRIEN (correspondente especial da CNN) – Sim, o que eu consigo ver, sobretudo, é a cauda do avião. E está cercada por ferryboats e barquinhos menores, embarcações da Guarda Costeira e da Polícia. Estão afastando as centenas de pessoas que circundavam a linha – o caminho ao longo da água (*inaudível*) Rua Doze em Manhattan, para ver melhor, e algumas delas diziam: "Ei, aquilo ali na água é um avião?", porque estamos inacreditavelmente perto do ponto onde o avião amerissou na água. Está flutuando ou sendo rebocado – é difícil de dizer ao certo, porque está cercado por ferryboats – muito, muito depressa. Quero dizer, para eu entender o que se passa, tenho de avançar... muito rapidamente. E os policiais estabeleceram um perímetro à volta deste grande estádio desportivo, porque vão levar para lá algumas das vítimas. E estão tentando afastar todos os pedestres e todas as pessoas ali sentadas que observam, querem afastá-las do caminho. E, na verdade, a Rua Doze, ao longo de muitos e muitos quarteirões, está neste momento completamente tomada por ambulâncias.

BLITZER – O avião está submergindo. Mas, segundo nos disseram, pelo menos conforme dois passageiros que sobreviveram, parece que todas as pessoas a bordo conseguiram escapar, quer pelas portas da frente e de trás, quer por aquelas saídas de emergência sobre as asas, e entrar em alguns daqueles barcos que rapidamente se aproximaram do local e as levaram para lugar seguro, o que são muito boas notícias, pois, se houvesse mais gente a bordo, neste momento, estariam em grandes dificuldades, se não conseguissem abrir aquelas portas. Mas o avião está afundando enquanto falamos, e esperamos que todas as pessoas tenham conseguido sair e estejam em segurança. O avião amerissou no Rio Hudson, perto, segundo nos disseram... os passageiros estão perto da Rua 42. Será a rua transversal mais próxima do local onde vocês se encontram, neste momento?

O'Brien – Eu já passei a Rua 42. Neste momento, estou no meio da Rua 23, que foi onde comecei, e, provavelmente, devo ter percorrido mais dez ou doze quarteirões para sul, desde que começamos a falar, porque o avião está deslocando-se muito depressa. Mais uma vez, a única coisa que vejo agora é a ponta da cauda. Não está muito longe da margem, como talvez vocês possam ver pelas imagens, mas, na verdade, está avançando a uma velocidade de vários quarteirões por minuto. E já... no início, segundo o relato que eu estava ouvindo, estava na Rua 50. Depois, olhei pela janela e o avistei na Rua 23, por isso, saí correndo para ver de perto.

Blitzer – Chad Myers está no local... bem, ele não está no local, mas sabe o que se passa em termos do ar muito frio e da temperatura da água no Rio Hudson... Chad!

Chad Myers (meteorologista da CNN) – Sim, aquela água está muito perto de zero grau. Há uma boia, logo abaixo da estátua da Liberdade. Regista cerca de 5,5 graus na água, mas está um pouco misturada com a água do mar. No ponto onde o avião amerissou, na linha da Rua 50, a água do mar certamente não chegava. Por isso, sabemos que esta água vem literalmente das montanhas Adirondacks, diretamente de Albany, quase congelada, praticamente a zero grau. Wolf, também tenho uma ideia do que aconteceu ao avião. Saiu da pista 4 de LaGuardia, virou para norte e começou a subir: uma decolagem típica. Virou para a esquerda. Não sei onde é que houve a tal explosão. Disseram que explodiu... ouviu-se o estrondo, antes da grande curva, a grande curva sobre o Rio Hudson. E, precisamente aí, foi a última notícia que ouvimos do avião. Voava a trezentos pés de latitude, a mais de duzentos e oitenta e três quilômetros por hora. No momento em que deveríamos receber a notícia seguinte, o avião já estava na água, flutuando ao longo do rio. A razão para o avião estar afundando rapidamente, neste momento, é porque as autoridades abriram as portas da frente. Essas portas da frente estão deixando a água entrar abruptamente, vinda das portas de trás, que já estavam abertas. Durante algum tempo, enquanto as portas da frente permaneceram fechadas, dentro do avião havia apenas uma bolha de ar. Essa bolha de ar mantinha o avião flutuando. Ainda penso que, pela forma como aquele avião amerissou, com uma inclinação tão leve... dizem as testemunhas que o piloto pousou, literalmente, o avião na água. O fundo do aparelho não se partiu, por isso, o compartimento de baixo, onde deve estar a bagagem e outras coisas, continuou cheio de ar. Foi por isso que o avião não afundou muito depressa. Como o avião não se partiu, todos os seus passageiros estão vivos para poderem contar a história – Wolf!

BLITZER – É uma história incrível.

* * *

Enquanto eu andava em círculos, tentando processar mentalmente tudo o que acontecera, o sentimento de euforia por estar vivo invadiu todo o meu ser. Estava assombrado com a inacreditável perícia que o capitão revelara ao amerissar no rio, em segurança. Eu queria agradecer-lhe e esperava que ele e a tripulação tivessem sido trazidos para o nosso terminal, por isso, comecei a procurá-los. Encontrei-os, de fato, conversando com alguns funcionários, e aproximei-me, abordando primeiro o copiloto, Jeff Skiles. Apertei-lhe a mão e agradeci, dizendo-lhe que ele era um herói. Ele apontou para o capitão e disse apenas: "Ele é que fez tudo!". Eu sabia que isso não era completamente verdade, mas respeitei a sua humildade.

Em seguida, aproximei-me do capitão e estendi-lhe a mão, dizendo: "O senhor salvou todos nós! É um verdadeiro herói! Obrigado, obrigado!". Ele estava de casaco e boné, como se tivesse acabado de tomar o café da manhã e se preparasse para ir para o escritório. Estava calmo, com uma postura amável e controlada. Inclinou levemente a cabeça, grato pelos meus comentários, olhou-me nos olhos e apertou minha mão.

Duas das comissárias também estavam sentadas ali perto. Agradeci a ambas pela coragem e profissionalismo; pareciam um pouco abaladas, mas tranquilas (embora com os olhos um pouco úmidos). Abracei as duas e, depois, fui buscar mais café.

Depois de encher de novo a minha xícara, olhei para o relógio e pensei que, naquele momento, minha família já devia estar em casa, assistindo ao noticiário. Em seguida, um homem de cabelo escuro aproximou-se de mim e perguntou-me, com delicadeza, se eu era um dos passageiros. Eu repliquei que sim. Ele apertou minha mão e apresentou-se como sendo Adam Reiss, da CNN, e perguntou-me se eu estaria disposto a conversar com Wolf Blitzer, um dos nomes mais conhecidos do jornalismo da TV norte-americana. Eu fiquei parado, de pé, tentando assimilar as suas palavras. Ainda me encontrava em estado de choque, sentindo-me incapaz de ligar o nome à pessoa. Wolf Blitzer, Wolf Blitzer... Finalmente, fez-se luz no meu espírito: "Ok, agora me lembro".

Concordei com aquilo que, em meu entender, seria apenas uma conversa particular com Wolf. Depois de estabelecer o contato com a sala de controle da CNN através do meu celular, percebi, porém, que não ia ser bem assim. Olhei para Adam e ele me disse que eu ia para o ar, ao vivo. O contato da sala de controle perguntou-me se eu o ouvia e me deu um sinal, trinta segundos antes de entrarmos ao vivo. Pensei comigo: "Bem, a última contagem decrescente que ouvi foi pouco antes de sobreviver a uma aterrissagem de emergência de um avião em pleno rio. Não sei como, sobrevivi, então acho que também posso sobreviver a isto".

> BLITZER – Adam, você tem aí um outro passageiro que sobreviveu a esse acidente?
> REISS – Tenho, sim, Wolf. Antes de passar para Fred Berretta, quero apenas descrever um pouco a cena do que está se passando aqui, na área de salvamento. A maior parte das pessoas está embrulhada em cobertores, tiritando de frio, sentindo-se, como é óbvio, muito, muito aliviada. Wolf, foi uma experiência incrível por que acabaram de passar. Muitas delas se abraçam. Ainda estamos vendo pessoas saindo da água. Acabei de avistar um senhor sem camisa. E também vi outro senhor com sangue na camisa. Contudo, todos parecem estar bem, sentindo-se gratos por estar vivos. Agora, vou passar para Fred Berretta. Ele também estava no avião.
> BLITZER – Muito bem, Fred, daqui fala...
> BERRETTA – Olá, Wolf.
> BLITZER – Daqui fala Wolf Blitzer. Eu estou... Eu estou muito entusiasmado por você e os outros passageiros

terem conseguido sair do avião da U.S. Airways, que fez uma aterrissagem de emergência no Rio Hudson. Ao que parece, segundo informações... segundo informações preliminares, transmitidas pela FAA (Administração Federal de Aviação), parece que o avião se chocou com um pássaro ou com um bando de pássaros, que embateram nos motores. Qual foi a sensação? Conte-nos o que se passou, segundo a sua perspetiva. Em primeiro lugar, em que parte do avião você estava sentado?

BERRETTA – Eu estava no lugar 16-A, Wolf, exatamente sobre o motor que estava pegando fogo. E ainda estávamos subindo quando o motor explodiu. Depois, o piloto deu meia-volta, dirigindo-se... dirigindo-se para o... para o rio. O silêncio era total. E, como é óbvio, todas as pessoas estavam à espera de ouvir aquilo que o piloto tinha para dizer. Passaram-se alguns instantes e, depois, ele se limitou a dizer: "Preparem-se para o impacto". No momento seguinte estávamos na água. Devo lhe dizer que já voei em muitos aviões. Foi uma amerissagem fantástica da parte dos pilotos. Não posso deixar de lhes agradecer. E, pela graça de Deus, acho que... acho que todo mundo conseguiu sair do avião.

BLITZER – Bem, é isso que estamos ouvindo. Outro passageiro, Alberto Panero, acabou de falar conosco. Está bem, Fred, então, descreva-nos exatamente o que sucedeu, desde o momento do impacto, quando esse jato da U.S. Airways pousou no Rio Hudson, o momento em que vocês conseguiram sair dos lugares e chegar a uma saída.

BERRETTA – Bem, nós... nós chocamos contra o rio. E foi um impacto fortíssimo. Mas o avião ficou inteiro. Provavelmente muita gente estava à espera que se partisse, mas não partiu. E ficou flutuando, com o nariz um pouco de fora. Todos foram muito organizados. Não houve muita gente em pânico. Saímos pelas portas de emergência acima das asas. Depois, as pessoas começaram a tentar chegar a uma espécie de jangada inflável que saíam da fuselagem do avião. Algumas caíram na água, mas acho que todas conseguiram sair. Nesse momento, só queríamos ver se haviam barcos e helicópteros de salvamento. Como é óbvio, se alguém quiser ter um acidente de avião, o Rio Hudson é um bom lugar para isso!

BLITZER – Sim, há muitos ferryboats, muitos barcos na zona. Qual foi a sensação, quando o piloto disse: "Preparem-se para o impacto?". Todos obedeceram? O que é que você fez para se preparar para o impacto?

BERRETTA – Bem, acho que muita gente começou a rezar, ficando muito... ficando muito recolhidos. Foi bastante impressionante. Sabíamos que não tínhamos muito tempo, porque, naquele momento, estávamos bastante perto do solo, e conseguíamos... conseguíamos perceber que a descida fora rápida. Talvez tenha sido por isso, creio, que as pessoas estavam tão caladas. Além disso, na realidade nós não tínhamos certeza se eles estavam tentando aterrissar na pista [ou] no rio. Mas, logo a seguir de ele dizer "Preparem-se para o impacto", ficou bem claro que não íamos pousar em nenhuma pista. Acho que foi então que as pessoas ficaram... obviamente, as emoções subiram bastante, nesse momento.

BLITZER – Bem, quando vocês embateram na água do Rio Hudson, foi relativamente suave, ou foi um... foi um verdadeiro choque? Qual foi a sensação?

BERRETTA – Foi... bem, é difícil descrever e comparar, pois foi a primeira vez que passei por uma experiência assim. Mas acho que foi bastante intenso. Não durou muito. Mas o rio é muito, muito calmo. O piloto ejetou as extensões flutuantes. Não sei se ele usou o trem de aterrissagem ou não, mas posso garantir-lhe que foi uma amerissagem fantástica. Eu estava esperando que o avião se desfizesse, virasse ou partisse ao meio. E isso não aconteceu, como é óbvio. O avião limitou-se a balançar para a frente e para trás. E nesse... bem, não estávamos bem certos do tempo que aquilo ia durar. Pareceu-me que durava uma eternidade. Mas, dali a pouco já estávamos todos saindo do avião. Foi um momento de grande alívio.

BLITZER – Acha que vários pássaros, ou um só, foram sugados para dentro... de um dos motores e provocaram a avaria? Porque é essa a informação preliminar que recebemos da FAA.

BERRETTA – Eu não vi nem fui testemunha de nada disso. E provavelmente estava numa posição propícia, visto que estava literalmente atrás da asa esquerda e muito perto do... estava num lugar à janela, claro. Mas não vi nem ouvi nada. Mas ouvi o motor a começar a pegar fogo. Ao que parecia, ou estava em chamas, ou saía fumaça dele. Sentia-se o cheiro da fumaça. Não se percebia bem se o motor direito estava funcionando ou não.

BLITZER – Você estava do lado esquerdo – estava do lado esquerdo do avião. E conseguia ver o motor, do qual saía fumaça e algumas chamas. Mas também conseguia ver o outro motor?

BERRETTA – Não. Até onde eu sei só o motor esquerdo é que estava... com problemas. Por isso, não sei bem o que se passou com o motor direito.

BLITZER – E quando vocês estavam decolando de La-Guardia, não sei se você sabe se estavam decolando para oeste, para leste ou qual a direção a que rumaram. Faz alguma ideia?

BERRETTA – Não, para dizer a verdade, não faço ideia, Wolf. Eu sei... sei que nos dirigíamos para Charlotte, onde eu vivo, mas não sei em que direção estávamos voando realmente.

BLITZER – Está bem. Estávamos mostrando algumas imagens – uma imagem, neste preciso momento, uma fotografia enviada pela Associated Press, Fred, de pessoas de pé, sobre as asas, depois de terem escapado do avião. Nota-se perfeitamente que estão à espera de um barco que as venha resgatar. Presumo que você era uma dessas pessoas.

BERRETTA – Sim, era. Eu fiquei... fiquei de pé sobre a asa esquerda, durante algum tempo. Depois, percebemos que as extensões infláveis do lado esquerdo do avião estavam enchendo de água. Por isso, voltei a entrar no avião com...

BLITZER – Sim, nós já... também estamos mostrando... Fred, espere um segundo. Quero explicar aos nossos espectadores o que é que eles estão vendo. Estão vendo passageiros entrando em alguns desses barcos, depois de terem sido resgatados, depois de terem saído do avião. E, agora, estão sendo trazidos – temos um vídeo cedido pela nossa filiada WABC. Eles saem do avião e, depois, entram nesses barcos. Mas continue e descreva-nos como foram esses momentos. Devem ter sido aterradores.

BERRETTA – Sim, foram. Foi uma experiência muito intensa que espero nunca mais ter de viver – eu ou qualquer um de nós. Mas estou muito agradecido a Deus. Acho que... não sei ao certo, mas acho que todo mundo conseguiu sair do avião. Houve alguns feridos, suponho, mas acho que todos os passageiros sobreviveram. E também acho que foi milagre.

* * *

Wolf fez mais algumas perguntas, mas estava ficando cada vez mais difícil ouvi-lo naquela sala apinhada de gente. Depois de terminar a minha ligação com a CNN, continuei às voltas por ali e bebendo café. Os passageiros conversavam entre si, perguntando uns aos outros qual era o seu lugar no avião e se estavam bem. O ambiente da sala era de grande excitação e tensão. Algumas pessoas abraçavam-se e choravam; outras, porém, estavam sentadas, com um rosto sem expressão, parecendo petrificadas perante tudo o que acabava de acontecer.

Adam Reiss dera-me o seu cartão e pedira-me que fosse encontrá-lo nos estúdios da CNN, para uma entrevista subsequente, ao vivo. Só me apetecia ficar sozinho, mas a perspetiva de me afastar do local era atraente e, depois de ter dado, mais uma vez, o meu nome às autoridades e de uma breve entrevista à polícia, saí.

Não podia acreditar no número de pessoas ali de pé, rodeadas por dezenas de carros da polícia, ambulâncias e carros de bombeiros, com luzes intermitentes por toda a volta. O frio era cortante, mas isso pouco me importava. Eu estava vivo, mal podia acreditar. Todos tínhamos sobrevivido, e o sentimento de gratidão a Deus, à tripulação do avião e à equipe de salvamento era diferente de tudo o que eu alguma vez sentira na minha vida.

Enquanto nos dirigíamos numa van para os estúdios da CNN, olhei de novo para o meu celular, que começara a receber chamadas e e-mails sem parar. Atendi uma chamada de um repórter da National Public Radio e fui imediatamente conectado com o seu programa, ao vivo. Terminei a ligação ao sair da van e entrei no edifício da Time Warner, em Columbus Circle, e prossegui até aos estúdios da CNN.

Quando as pessoas que estavam trabalhando no estúdio, que rodeia as salas de controle, souberam que eu era um passageiro do Voo 1549, saudaram-me com largos sorrisos, manifestando o quanto estavam felizes por todos termos sobrevivido. Aqueles cordiais apertos de mão e palavras de conforto fizeram-me sentir ainda mais agradecido. Era estranho, mas agradável, que tanta gente que eu não conhecia estivesse tão feliz por me ver vivo.

Fiz uma rápida ligação para casa e falei de novo com Liz, dizendo-lhe onde estava e que ligasse a CNN. Depois, dei comigo falando de novo com Wolf Blitzer, desta vez diante de uma câmara de televisão, ao vivo. Contei de novo a história o melhor que pude e fui escoltado de regresso à sala verde, onde me esperava mais café.

À medida que a noite avançava, fui entrevistado por Lou Dobbs, da CNN, e, depois, por Bill O'Reilly, da Fox News. Repeti várias vezes a história, respondendo às mesmas perguntas, mas, durante todo esse tempo minha mente estava ausente, num lugar distante, que eu nunca vira na vida: um lugar distante de calma e de paz. É difícil descrever o meu estado, mas acho que se alguém se aproximasse para me assaltar nas ruas de Manhattan eu teria simplesmente sorrido e dado um abraço. Tendo acabado de olhar a morte nos olhos e escapado, tudo e todos no mundo me pareciam cheios de bondade.

* * *

A CNN tinha reservado um quarto num hotel perto dos seus estúdios, visto que eu prometera dar mais entrevistas na manhã seguinte. Foi estranho entrar no meu quarto de hotel levando por única bagagem um suéter que me fora dado por um desconhecido, uma carteira no bolso e o meu celular na mão.

Os e-mails continuavam a chover de todos os lados, com mensagens de texto enviadas por repórteres de todo o mundo. Eu estava "ligado à corrente", devido à cafeína e à adrenalina, mas depois de entrar no quarto de hotel fiquei simplesmente parado, de pé, naquela silenciosa quietude, perguntando-me se tudo aquilo tinha realmente acontecido.

Liguei de novo para Liz e conversei com ela durante algum tempo, comecei então a responder aos e-mails, sentindo-me completamente indigno da atenção que me prestavam, mas, inacreditavelmente, grato por todos e cada um deles. Amigos de há muito tempo tinham-me visto ou ouvido na televisão e quase parecia que eu estava assistindo ao meu próprio funeral. Cada e-mail, cada gesto de gratidão recordava-me como era bom estar vivo. Como um bálsamo derramado sobre um músculo dolorido, cada sorriso virtual ajudava a acalmar o choque que ainda estava escondido em algum lugar dentro de mim. Eu continuava a escrever, inúmeras vezes: "Não faz ideia de como é bom ler este e-mail!". E: "As estatísticas não estavam a nosso favor, mas nós tínhamos um piloto fabuloso no banco esquerdo e Deus no controle de tráfego aéreo".

Quando os meus dedos já não aguentavam escrever mais, liguei o noticiário e tentei relaxar. A primeira imagem que vi foi a do nosso avião, descrevendo uma curva à esquerda, com o motor pegando fogo, descrita por um repórter assombrado, que acabara de sair do Jardim Zoológico do Bronx. Via-se o lado esquerdo do avião, aquele onde eu estivera sentado, e comecei a rever o voo, de novo, desde o princípio. O contraste entre ver um vídeo do voo, na televisão, e ter acabado de passar por aquela experiência, fez com que esta me parecesse um sonho que pairava na minha mente, depois de acordar.

Eu sabia que, com a overdose de café e a intensidade emocional que sentia, não haveria hipótese de conseguir adormecer. Decidi, então, de repente, ajoelhar-me ao lado da cama e agradecer repetidas vezes a Deus, como uma criança que não tivesse vocabulário para orações mais sofisticadas. Depois de estar deitado na cama, durante cerca de três horas, num estado de semiconsciência, decidi que não valia a pena continuar tentando dormir. Tinha de estar preparado para outra série de entrevistas, que começariam às seis da manhã, rumando em seguida ao aeroporto de Teterboro, para a viagem de regresso a casa, às onze. Tomei uma ducha, desci as escadas e chamei um táxi.

Enquanto esperava para ir para o ar, na CNN, um repórter bem vestido, que me parecia vagamente familiar, estava de pé ali perto, conversando, sorridente, ao celular. Era o mesmo repórter que estivera no Zoo do Bronx, e que tirara a única fotografia do avião durante o voo, logo após o choque com as aves. Eu lhe disse que o tinha visto no noticiário da noite anterior e ele descreveu a sua versão do drama. Perguntou-me se eu estava disposto a fazer uma entrevista radiofônica ao vivo, ali mesmo, enquanto esperava, e eu aceitei.

Depois da minha última entrevista dessa manhã, saí para o lindo e frio dia de inverno, entrei num automóvel preto e dirigi-me para Teterboro. Um avião da companhia esperava-me, a mim e a outros funcionários da empresa que também tinham estado no mesmo voo, para nos levar para casa. Ao entrar no automóvel, o motorista perguntou se eu queria ler um jornal e estendeu-me um exemplar do *New York Post*. Na capa havia uma fotografia do nosso avião flutuando no rio. "O milagre no Rio Hudson" tinha passado oficialmente para os títulos dos jornais de todo o mundo.

O motorista começou, então, a falar sobre o acidente. "Acha que é possível?", perguntou-me ele. E continuou a falar sobre o acontecimento. Eu estava demasiado cansado para interrompê-lo e queria ser caridoso, por isso, fiquei simplesmente ali sentado, ouvindo-o. Depois, ele acabou por se calar, e eu disse:

— É verdadeiramente inacreditável que todos nós tenhamos sobrevivido.

— NÓS?!... Quer dizer que o senhor estava naquele avião? — quase passou para a outra faixa, enquanto me fitava através do espelho retrovisor.

— Sim, estava, e acabei de sair da Fox News, depois de ter passado praticamente toda a noite no ar.

Continuamos a nossa conversa até chegar a Teterboro. Eu agradeci a corrida, saí e encaminhei-me para o terminal da Aviação Geral.

Embora não tivesse grande vontade de entrar tão cedo em outro avião, o desejo de chegar em casa se sobrepôs ao nervosismo que eu sentia. Os pilotos pareciam-me familiares, e eu me lembrava de ter viajado com eles num voo transatlântico, cerca de dois anos antes. Depois de nos terem feito um briefing do voo que nos esperava e uma descrição do avião Gulf Stream V, que nos levaria até Charlotte, perguntaram-nos se tínhamos alguma pergunta a fazer.

— Diga-nos, por favor — repliquei eu em tom cansado —, que não há gansos na nossa rota.

* * *

Quando as rodas do trem de aterrissagem tocaram no Aeroporto Internacional de Charlotte Douglas, eu senti a minha mente a começar a descontrair e a relaxar, pela primeira vez desde o dia anterior. Só esperava conseguir aguentar-me, quando visse minha mulher e meus filhos à minha espera, no terminal. Quando avistei os seus rostos sorridentes percebi que cada momento, a partir de então, nunca mais seria igual aos anteriores. Depois de um abraço simultâneo de seis pessoas e de inúmeros beijos, dirigimo-nos para casa.

A secretária eletrônica indicava que nosso correio de voz já não podia receber mais mensagens, e a máquina de backup, que é ligada automaticamente, também estava cheia. Repórteres de todo o país tinham ligado às dezenas, bem como muitos outros, provenientes de partes remotas do mundo, tais como Espanha, Colômbia e Austrália. O telefone continuava a tocar e eu estava estupefato com aquele interesse contínuo.

Havia qualquer coisa naquele acontecimento, algo que "estendia os braços" e ajudava um mundo envolto em sombras a ter esperança, nem que fosse apenas por um breve instante. Esse pensamento atingiu-me de repente, ao lado da gratidão que eu já sentia por todos nós termos sobrevivido. De pé, no pórtico de entrada, admirando o pôr do sol, conseguia esse algo, distanciando-me como se estivesse fora de mim, e conseguia perceber a alegria do sucedido. Isso estivera flutuando no meu sangue, no período imediatamente subsequente, em doses concentradas, e agora conseguia apreendê-lo por fim, e os meus olhos encheram-se de lágrimas.

As questões e os problemas da vida diária, minuto a minuto, pareciam triviais, depois de ter enfrentado a morte. Eu fora empurrado, através de uma porta, com cento e cinquenta e quatro pessoas que não conhecia, mas que agora eram como minhas almas-gêmeas, fechadas no meu coração e fortemente unidas. Agora, todo o meu ser, permeado por esse sentimento de sublime euforia, tinha de se ajustar de novo, lentamente, ao mundo comum. Ao longo dos dias que se seguiram, suponho que me poderia assemelhar a um dos astronautas da Apollo 13, confrontando-me com a realidade de que eu não podia sustentar para sempre a alegria de a minha vida ter sido salva, milagrosamente, e precisando descer novamente à terra.

9
MILAGRE

> "Deus é sempre todo-poderoso;
> ele pode sempre fazer milagres,
> e fá-los-ia agora tal como os fazia antigamente,
> se não fosse a nossa falta de fé."
> (S. João Maria Vianney)

Seria o desfecho do Voo 1549 um milagre? Quase todos os artigos dos meios de comunicação o declaravam. Como muitos outros, eu me vi matutando sobre as várias circunstâncias do acontecimento, com esta questão no pensamento.

Tais circunstâncias eram, sem dúvida, mais do que suficientes para dar lugar a um milagre. Embora os choques de aves contra aviões sejam bastante comuns, o choque duplo, que dera origem à perda de força nos dois potentes motores a jato, é extremamente raro. Dados estatísticos de um relatório escrito pelo Departamento Norte-americano da Agricultura, conjugados com os dados fornecidos pela FAA, sobre os choques de aviões com aves, entre 1990 e 2007, indicam que menos de dois por cento deles resultaram em avaria dos dois motores. Houve milhões de voos, no mesmo período, transportando milhares de milhões de passageiros. As probabilidades de ocorrência do que sucedeu ao Voo 1549 eram quase nulas.

Quando a natureza acaba por ser a culpada de qualquer desastre, nós rapidamente o rotulamos como "ato de Deus", como se não houvesse outros agentes na sua origem.

Cada um de nós – por si mesmo – tem de responder a esta pergunta, em determinado momento da nossa vida: escolhemos acreditar num poder e numa autoridade superior que governa o Universo, ou decidimos que é o homem o supremo poder, num mundo de acasos? Naturalmente, não há como provar se houve um milagre – uma intervenção extraordinária do poder divino – no Voo 1549. Com efeito, a ciência poderia muito bem dizer-nos que, embora aquele voo tenha sido excepcional, não há nada que não possa ser explicado ou atribuído exclusivamente ao homem. Se se fizesse tal afirmação, eu não passaria muito tempo debatendo-a. Não acredito que haja uma forma de provar que aconteceu qualquer coisa a bordo do Voo 1549 que estivesse fora das leis normais da física ou da natureza. Contudo, aquela ocorrência dá azo a que se pense na possibilidade de intervenção divina, pela forma como os acontecimentos específicos e únicos se conjugaram de forma perfeita. Creio que a maior parte dos passageiros daquele voo, e muitas pessoas que assistiram ao desenrolar da história, analisaram a questão assim.

Na minha primeira entrevista na CNN, eu disse que achava um milagre que todo mundo tivesse sobrevivido. Nas semanas subsequentes ao acidente, enquanto refletia sobre as circunstâncias que conduziram àquele voo e o seu assombroso desfecho, cada vez mais ia ficando convencido da intervenção divina. Tantas coisas poderiam ter-se conjugado contra nós: se o capitão Sullenberger tivesse virado para a direita e não para a esquerda, se tivesse continuado a voar para o norte por mais alguns segundos, se houvesse barcos atravessando o rio no ponto onde tínhamos de amerissar... A lista de "e e se" parece interminável.

Mas e os gansos? Se devo continuar a acreditar num Criador todo-poderoso, que governa todas as coisas de uma forma misteriosa, também devo acreditar que eles foram "autorizados" a se chocar contra o avião e a avariar os motores. Mas porque havia Deus de permitir que isso acontecesse? Só Deus sabe, mas há algumas conclusões que me parecem lógicas.

Embora a humanidade tenha certo domínio sobre a terra, e possa influenciar claramente os acontecimentos de uma forma positiva ou negativa, nós não agimos no vazio. Partilhamos os mares com os mamíferos e os peixes; partilhamos a terra com animais selvagens de vários tipos; partilhamos os céus com as aves. Quando optamos por voar, sabemos que há sempre a possibilidade de que a natureza interfira em nossos planos, mas aceitamos essa hipótese, assumindo os riscos. Ao que parece, o bem produzido ao exercitarmos o intelecto e as aptidões, na criação e na pilotagem de máquinas voadoras, ultrapassa o risco infinitesimal dos danos. Os aviões voam muitas vezes com mau tempo e, geralmente, sem problemas, mesmo em circunstâncias muito mais precárias do que gostaríamos de admitir. Os acidentes envolvendo aves não são assim tão raros e, geralmente, passam despercebidos ao público em geral. Apesar disso, assim que decolamos, entramos num domínio que as aves partilham conosco. Em termos estatísticos, um choque duplo de aves, com avaria completa dos motores de um avião, voltará a ocorrer, embora possa ser daqui a várias décadas e a vários milhões de voos a partir de agora.

Contudo, provavelmente, nós teríamos mais probabilidades de ser mortos por um meteorito traiçoeiro do que num acidente fatal de avião, provocado por um embate duplo de aves. Segundo os registos de dados da National Transportation Safety Board (organização independente, responsável pela investigação de acidentes de qualquer meio de transporte nos Estados Unidos), as probabilidades de haver um acidente de aviação, numa das principais vinte e cinco companhias aéreas, são aproximadamente de 1 em 8,5 milhões. Além disso, dos acidentes que chegam a ocorrer, o número provocado por fatores alheios a erros de pilotagem, falha mecânica ou tempo, é apenas de um por cento. Os embates com aves estão incluídos nessa "outra" categoria.

* * *

Na minha investigação, após o voo, também fiquei sabendo que as minhas suposições acerca dos mais perigosos segmentos de voo estavam erradas. Eu sempre pensara que as fases de decolagem e de subida eram as mais propensas a acidentes. Na verdade, porém, é a fase final, de aproximação e aterrissagem que tem sido, historicamente, mais precária.

Uma série de estatísticas que eu contemplara brevemente durante o voo, e mais tarde também numa entrevista, dizia respeito a amerissagens de aviões. Eu estimara as probabilidades de sobrevivência a uma amerissagem em aproximadamente cinquenta por cento.

Realmente, quase acertei: antes do Voo 1549, a taxa histórica real de sobrevivência de aviões comerciais, numa amerissagem controlada, era de cinquenta e três por cento. Na história da aviação comercial há apenas alguns casos de amerissagens intencionais, havendo apenas outro caso em que todos sobreviveram: um jato russo da Aeroflot que ficou sem combustível e amerissou no rio Neva, perto de Leninegrado, em 1963.

Outros aspectos do Voo 1549 revelam aquilo a que eu poderia chamar "pequenos milagres". Embora o céu tivesse estado nublado sobre Manhattan durante todo o dia, com uma ligeira queda de neve – com efeito, eu até pensara que havia grandes probabilidades de que o voo atrasasse ou fosse cancelado –, imediatamente antes do voo o tempo desanuviara. Se tivesse continuado nebuloso, ou se a decolagem tivesse sido retardada, nem que fosse uma hora, já para perto do crepúsculo, a visibilidade teria ficado bastante reduzida, tornando a amerissagem e a operação de salvamento muito mais difícil e aumentando a probabilidade de baixas.

Outro fator importante era a altitude. A *ratio* de voo planado – medida até onde um avião pode voar a uma dada altitude sem impulso – estava no limite mínimo, para permitir ao capitão Sullenberger passar a ponte George Washington e fazer uma aproximação controlada até o Rio Hudson. Calculava-se que o embate duplo de aves tivesse ocorrido entre 2.700 e 3.000 pés de altitude. Dada a velocidade de subida após a decolagem, se o embate tivesse ocorrido apenas alguns segundos mais cedo, o Airbus poderia não ter sido capaz de passar a ponte. O capitão Sullenberger teria sido forçado a aproximar-se do Rio Hudson de um ângulo muito menos favorável ou, talvez, até sem ângulo nenhum, resultando numa queda catastrófica em plena cidade.

Depois, há o caso do próprio rio, e a travessia regular de barcos, ao longo de todo o dia. Naquele momento, aconteceu que não havia barco algum na faixa de água onde nós amerissamos. Contudo, poderia facilmente ter havido correções de rota obrigatórias, de última hora, que teriam conduzido a uma amerissagem muito menos controlada.

Além de uma boa visibilidade e da falta de tráfego marítimo naquela tarde, os ventos estavam calmos e o rio relativamente calmo, com pouca ou nenhuma ondulação. Isso contribuiu de modo significativo para que o avião pudesse ficar ao nível da água e permanecer intacto após o impacto. É óbvio que a destreza com que o capitão Sullenberger conseguiu pousar na água foi impecável, tendo em conta tudo o que ele teve de enfrentar, mas, de igual modo, as condições sobre as quais ele não detinha qualquer controle não lhe podiam ter sido mais favoráveis.

Depois, temos talvez o aspeto mais notável da amerissagem. Uma análise da investigação da NTSB revelou que o avião batera na água com o *triplo* da força que poderia aguentar numa amerissagem e que permanecera intacto, apesar de a fuselagem ter rachado, o motor esquerdo ter se separado da asa com o impacto e o motor direito ter ficado quase desfeito. A fuselagem não se deve ter partido por milionésimos de segundo, mas de algum modo conseguiu manter-se íntegra.

Enquanto evitava a colisão com outros aviões e barcos, Sullenberger também conduziu o avião até o rio, bastante perto dos ferryboats. Estes reagiram em minutos, demonstrando uma habilidade excepcional nas manobras em torno do avião, apesar das fortes correntes do rio. A certa altura, havia pelo menos seis barcos, de vários tamanhos, abrindo caminho até ficarem a poucos metros do avião. As operações dos pilotos dos ferryboats, da Guarda Costeira e do Departamento da Polícia da Cidade de Nova York foram dirigidas de uma forma tão coordenada que teria sido motivo de orgulho do próprio Steven Spielberg. Os barcos poderiam ter colidido facilmente uns contra os outros ou contra as asas do avião, provocando fuga de combustível para a água. No entanto, não poderia ter funcionado melhor, nem que tivessem ensaiado uma centena de vezes.

E quanto aos passageiros e ao respectivo comportamento? Terão eles contribuído, de alguma forma, para o êxito global da operação de salvamento? Sendo eu próprio um passageiro e uma testemunha em primeira mão, devo sublinhar que nós não só contribuímos de forma positiva, mas também fomos um fator-chave. Para nossa surpresa, embora a maioria dos passageiros soubesse que íamos fazer uma amerissagem de emergência no rio, não se verificou pânico generalizado. De maneira geral, todos esperamos a nossa vez para sair dos lugares, e a maior parte de nós evitou perder um tempo precioso buscando malas ou bagagens de mão. Observei que alguns passageiros assumiram papéis de liderança, tentando acalmar outros, ajudando-os a sair dos lugares, ajudando as pessoas que tinham caído na água a voltarem a subir para as asas ou para uma das extensões infláveis. Don Norton e os outros passageiros que abriram as portas de emergência sobre as asas fizeram-no com precisão e destreza.

As três comissárias de bordo desempenharam as suas funções excepcionalmente bem. Donna Dent, Sheila Dail e Doreen Welsh mantiveram a cabeça fria e fizeram tudo o que puderam para facilitar uma evacuação organizada. A coragem e o desempenho de Doreen Welsh, que ficou na parte de trás do avião, foram particularmente notáveis. Teve de se confrontar com uma porta parcialmente aberta, que permitia a entrada de água na cabina, embora tivesse uma ferida profunda na perna. Compreensivelmente, a seção do avião onde se verificou o caos mais organizado foi precisamente ao fundo da aeronave. Esses passageiros foram os últimos a sair e, certamente, sentiram mais terror, tanto durante o impacto como imediatamente depois. A maior parte da força do impacto contra a fuselagem incidiu sobre a metade traseira do avião, tendo sido aí que o avião inicialmente bateu na água.

O primeiro oficial Jeff Skiles enfrentou um cenário para o qual nenhum simulador de voo poderia tê-lo preparado. Viu-se forçado a procurar numa lista de manobras o procedimento recomendado para as amerissagens que, normalmente, começariam a trinta mil pés de altitude... e não a dois mil. Teve alguns segundos para percorrer a lista de várias páginas, que tinham de ser lidas sem saltar nada. Incluía desligar vários sistemas elétricos para evitar incêndios e outros riscos, além de colocar a elevação do altímetro a zero, a fim de criar a pressurização correta dentro da cabine, para as portas poderem ser abertas após o impacto.

Finalmente, como é óbvio, houve o desempenho do capitão Chesley Sullenberger. Sendo um homem com quarenta e um anos de experiência de voo, com um brevê de planadores, experimentado piloto de combate e uma mente capaz de gerir riscos para garantir a segurança, não haveria melhor piloto para se sentar no banco da esquerda do *cockpit*, naquele dia. A razão mais importante para o bom desfecho da operação talvez tenha sido o processo de tomadas de decisão pelo qual o capitão Sullenberger passou. Pela minha própria formação de pilotagem, que mal se pode comparar com a de Sullenberger, sei que os erros dos pilotos costumam ser provocados por decisões incorretas da parte de um único piloto, confuso, frente a circunstâncias desesperadas ou a outros fatores contributivos. Na sequência do acontecimento, excessivamente raro, de um duplo embate de aves nos dois motores, o Voo 1549 poderia ter dado azo a todo o tipo de decisões erradas por parte do piloto, terminando numa série de resultados catastróficos potenciais. O capitão Sullenberger, porém, fez friamente as escolhas acertadas.

O controle de tráfego aéreo, desempenhando bem as suas funções, deu imediata luz verde ao capitão Sullenberger para aterrissar em LaGuardia e, depois, em Teterboro; oferecendo-lhe, assim, toda a ajuda possível.

O controle de tráfego aéreo de Nova York, a Torre de LaGuardia e a Torre de Teterboro enfrentaram o desafio e coordenaram-se maravilhosamente, dando ao capitão Sullenberger várias opções de pista possíveis. Eles sabiam, como é óbvio, que, como comandante do voo, só o capitão Sullenberger podia tomar a decisão final. A autoridade final e responsável pelo êxito da operação e pelo controle de voo de qualquer avião é sempre o piloto. Ele tem o direito de não seguir ou ignorar qualquer instrução vinda do controle de tráfego aéreo, se necessário, perante as circunstâncias do momento, pois só ele pode determinar a melhor ação para qualquer cenário específico.

No Voo 1549 não foi diferente. O capitão Sullenberger teve uma atuação impecável em cada fase do voo. Imediatamente após o duplo embate das aves assumiu o controle do avião; o primeiro oficial Jeff Skiles cedeu o seu comando e começou a tentar reativar os motores. Estes dois homens devem ter ficado muito abalados ao ver pelo para-brisa o bando de gansos castanhos aproximando-se e a imediata perda de força, além de vários outros sons e luzes de advertência que terão sido, certamente, terrivelmente alarmantes para eles. Contudo, fizeram exatamente o que deviam ter feito, sem perder tempo algum, trabalhando juntos, como uma equipe, em meio ao caos.

O processo mental que o capitão Sullenberger então seguiu foi o fator individual mais importante para o desfecho do voo. Depois de assumir o comando do avião, nivelou de imediato o nariz da aeronave para recuperar a velocidade perdida e começou a avaliar as opções, comunicando com precisão, e o mínimo necessário, ao controle de tráfego aéreo. Sua atenção deve ter-se centrado na altitude, na velocidade, no ar e na distância que o separava de cada uma das hipóteses de pista. A importantíssima *ratio* de voo planado pesou na sua mente, pois ele sabia que o destino de todos dependia dessa medida do desempenho do avião. Desistiu logo de LaGuardia, visto que estava afastando-se dele e continuava a descer, e, depois, considerou a hipótese de Teterboro. Em seguida, deduziu que a sua *ratio* de voo planado e velocidade de descida não eram viáveis para nenhum dos aeroportos, tendo em conta o alto risco de não acertar a pista e perder todas as vidas a bordo (e, potencialmente, de muitas vidas no solo). O capitão Sullenberger teve de tomar a sua decisão final em menos de dois minutos e sabia que, depois de a tomar, não poderia voltar atrás. Com essa decisão – uma decisão que só ele poderia tomar e com a qual teria de se confrontar até o fim da vida, se chegasse a sobreviver –, ele selaria o destino de todas as pessoas a bordo.

É esse momento fundamental que todo piloto experiente sabe que constitui a última prova da sua aptidão e desempenho. Segundo a minha escassa experiência como piloto particular, consigo perceber bem aquilo que o capitão deve ter sentido. Um sulco profundo percorre todo o nosso corpo, uma sensação avassaladora de enjoo e fraqueza perpassa os nossos nervos. Intensifica-se com o avanço da situação e agrava-se rapidamente, sendo necessário combatê-la com toda a força de vontade que conseguirmos reunir. A tentação de nos deixarmos amortecer está sempre presente, à espreita na nossa mente, que luta por escapar à realidade dos acontecimentos que se vão desenrolando. Não temos tempo para pensar em muitas coisas, e, se a nossa mente vagueia por um instante, pode desencadear uma cadeia de reações que podem muito bem conduzir ao desastre.

O capitão Sullenberger deve ter tido todos estes sentimentos ao mesmo tempo, uns de forma sutil, outros com força, mas ele sabia, provavelmente, que estavam presentes, esperando que ele cedesse. Contudo, afastou todos os demônios do medo, do choque e do mal-estar devastador, que só um piloto que se tenha confrontado com uma emergência pode compreender, e venceu-os a todos com grande mestria. Renunciou às hipóteses de LaGuardia e Teterboro e decidiu-se pela única opção que parecia plausível: o Rio Hudson. Manobrou o avião sobre o rio, escolhendo um ponto livre de barcos particulares, mas perto de barcos de passageiros, e toda a sua mente e vontade devem ter se concentrado em fazer a aproximação mais controlada possível. Ele sabia que aquela tinha de ser a melhor aterrissagem da sua vida, mantendo a velocidade, ainda no ar, dentro de certo intervalo, evitando parar e garantir que as asas estivessem perfeitamente na horizontal, ao deixar o avião entrar na água. Tinha de fazer tudo isso, sabendo que só poderia controlar a primeira metade da operação, e que o controle do salvamento caberia a outros.

Numa entrevista que foi para o ar no programa *60 Minutes*, com Katie Couric, quando lhe perguntaram como é que ele se sentira, ao perceber que o avião fora danificado por um embate maciço de aves, o capitão Sullenberger disse: "Foi a pior sensação de aperto no estômago e de ter vontade de me enfiar pelo chão adentro da minha vida. Percebi de imediato que a situação era muito ruim".

Apesar dessa sensação devastadora, Sullenberger recompôs-se e teve o desempenho mais perfeito possível. Os seus atos e a sua amerissagem serão estudados por todos os pilotos e aviadores sérios durante as próximas décadas. Ele foi fiel ao ditado "Não há pilotos velhos e ousados" e aplicou toda a sua experiência numa série singular e limitada de momentos em que o equilíbrio de cento e cinquenta e cinco vidas ficou suspenso no ar, de forma bastante literal. Todos os pilotos podem aprender alguma coisa com ele, e espero que realmente aprendam.

Na minha própria história de viagens em companhias de aviação comercial, lembro-me apenas de uma ocasião em que senti, na própria pele, as tendências egocêntricas que podem avassalar um piloto. Estávamos há bastante tempo à espera na pista, sob o calor de um dia de verão; uma tempestade estava retardando, há mais de uma hora, todas as partidas de aviões. Era antes dos atentados de 11 de Setembro, as portas do *cockpit* ainda ficavam abertas antes da decolagem. O avião era um velho DC-9, que já voava há demasiado tempo, e estava cheio de passageiros infelizes. Eu estava sentado numa poltrona no corredor e ao meu lado, na poltrona do meio, havia um homem bastante corpulento. Percebi que ele estava bastante desconfortável, por isso levantei-me para ver se havia lugares disponíveis na primeira classe. Havia um livre e pedi à comissária se seria possível aquele homem da minha fila mudar-se para lá, tendo em conta a longa espera e a temperatura desconfortável dentro da cabine. Ela não aceitou bem o meu pedido, mostrando assim que *não* era possível.

Pouco antes de eu dar meia volta, para regressar ao meu lugar, reparei no capitão, de pé, na copa, a caminho da sua cabine. Sentia-me cansado de ficar sentado e como um ávido fã da aviação, fiz-lhe algumas perguntas acerca do atraso. Ele replicou que havia tempestades muito violentas ao longo da nossa rota e que não lhe agradavam os vetores iniciais que o controle de tráfego aéreo lhe dera, por isso, decidira esperar até receber outros mais diretos. Percebi, pela sua atitude e pelo seu tom um pouco irreverente, que estava claramente aborrecido com o controle de tráfego aéreo.

Um pouco mais tarde, o piloto falou pelo intercomunicador, dizendo que, finalmente, recebera luz verde, e decolamos. Disse-nos que a viagem ia ser um "pouco turbulenta". Na verdade, posso dizer que esse foi o maior eufemismo da década: voamos sobre o sistema tempestuoso até o nosso destino final. Eu mal conseguia ver as luzes intermitentes da ponta da asa, e o avião não parava de balançar, deslizar e ir abaixo, como se fôssemos um boneco nas mãos de uma criança pequena. A maior parte dos passageiros estava muito tensa e assustada, e eu próprio devo confessar que foi muito difícil para os nossos nervos. Refleti sobre aquele tormento e pensei como seria uma infelicidade se o avião se partisse, no meio daquela tempestade, e todos nós morrêssemos, devido a uma decisão arriscada por parte de um piloto frustrado frente ao seu ego.

O capitão Sullenberger, por outro lado, demonstrou ter a postura e o profissionalismo de primeira categoria que todos esperamos, cada vez que entramos num avião. Ele era o homem certo para aquele lugar e, embora possa haver outros pilotos capazes de ter um desempenho semelhante, a história deverá registar com precisão a excelência global que Sullenberger demonstrou. Suas ações podem servir de exemplo para todos nós, sejam quais forem as nossas vocações individuais. Quando eu lhe disse, logo a seguir à amerissagem de emergência, que era um herói, agradecendo-lhe por ter salvado todos nós, percebi que ele não era apenas um profissional exemplar, mas também um homem cheio de humildade e de graça.

* * *

Cerca de uma semana após o acidente, o programa *60 Minutes* organizou, em Charlotte, uma reunião dos passageiros do Voo 1549, com a tripulação. Eu recebi um e-mail de um colega de trabalho perguntando-me se eu estaria disposto a contribuir com alguma coisa para comemorar aquele acontecimento, qualquer coisa que incluísse imagens ou sentimentos, para ser oferecido ao capitão Sullenberger. Decidi, portanto, escrever um poema para essa ocasião.

> Céus de um azul profundo e uma brisa suave,
> Cento e cinquenta e cinco almas lá dentro,
> O último trajeto para muitos,
> Uma nova viagem para todos.
> Recua, desliza, espera e depois avança,
> Uma decolagem perfeita, atravessando o ar puro e limpo,
> Quinhentos, mil, dois mil... e então!
> Uma formação majestosa onde não devia estar,
> Uma visão magnífica de qualquer outro ângulo,
> Mas capaz de impedir o voo recém-nascido.
> O som e o balanço de explosão e incêndio,
> Balanços e solavancos, abalando a paz,
> Uma decisão e uma chamada, uma decisão a tomar
> Por parte de um, de apenas um, mas para todos.
> Uma decisão a tomar, rapidamente,
> Onde, para onde orientar a nossa queda?
> Uma pista lá à frente, muito longe, demasiado longe,
> Uma pista atrás, muito antes, demasiado antes.
> Um rio abaixo de nós, uma faixa azul de vida
> Ou talvez de morte, mas sem outra opção,
> Muito pouco tempo para percorrer a lista de manobras.
> Mil e quinhentos, estende as asas,
> Mil, não há tempo para sonhos passados,
> Quinhentos: "Preparem-se para o impacto",
> Depois, instantes de eternidade começaram para os de trás,

Medo, desgosto, dor, mas também esperança e oração,
Quarenta anos de voo do piloto,
A fim de para isto se preparar,
Uma vista tão serena da grande cidade,
Trinta segundos para o impacto...
Um copiloto veterano, obediente, firme e fiel,
Três corajosas comissárias, esperando trabalhos futuros,
Vinte segundos para o impacto...
Mensagens para entes queridos
E apelos aos céus, lá no alto,
Pedidos de misericórdia para a pomba azul e branca,
Dez segundos...
E dois anjos invisíveis enviados a cada asa,
Para ajudar as mãos experientes do capitão:
– Sê amável conosco, Rio Hudson, sê amável e bondoso.
O grito silencioso dos passageiros a bordo,
Um segundo... IMPACTO!
O balanço do rio, como um rugido clamoroso,
No meio do som em cascata,
De uma improvável queda de água.
Depois... apenas silêncio...
Intactos! Vivos! Flutuando à deriva.
Uma nova ordem: "Evacuar!".
E os barcos da vida chegaram,
Conduzidos por exímios pilotos,
Depois de todos saírem, uma última tarefa a executar,
Duas passadas pelo avião ferido, sem esperança,
Um suspiro de alívio, para o mundo, tão calmo,
Tirando o chapéu, enquanto o navio segue viagem,

Um último olhar para a aeronave que afunda,
Só com uma asa no ar, como se dissesse adeus,
E enquanto o sol legava à noite a sua glória final,
A Liberdade Iluminando o Mundo fitava-nos,
Cobrindo com a sua sombra de luz
Os tons cinza das águas revoltas,
E a exultação da vida estendeu-se sobre o mundo.

A reunião foi extremamente animadora, com profusão de lágrimas da parte de muitos, abraços, e a mesma história, contada e recontada, repetidas vezes. Muitos dos passageiros e até os operadores de câmera comentaram sobre como todo o processo tinha sido milagroso. Eu sempre acreditara em milagres, mas, de certo modo, nunca me passara pela cabeça que pudesse ser salvo por um.

* * *

Na esteira do Voo 1549, como acontece com todas as aterrissagens de emergência de aviões, controladas ou não, houve muitas questões importantes a investigar. A investigação da NTSB confirmou que o capitão Sullenberger e o primeiro oficial Skiles agiram com precisão, mestria e grande discernimento. Para quem fez parte daquele voo não são necessários relatórios para confirmá-lo. Os passageiros e as equipes de emergência também tiveram o seu mérito. Mas... que dizer da mão de Deus?

Naquela ocasião, fizeram-me essa pergunta. Naturalmente, é quase impossível provar a ação de Deus, mesmo quando esta parece óbvia. A ciência, quando confrontada com curas milagrosas, corpos incorruptos de santos mortos há várias décadas ou séculos, ou mudanças positivas e radicais do coração do ser humano quando ele decide abraçar a fé ou mudar a sua vida para melhor não pode oferecer, em última análise, nenhuma explicação – precisamente porque estas coisas estão fora do domínio da Ciência.

Como um homem que tenta fazer o que pode para viver a sua fé, e que percebe o quanto tenho de caminhar para me tornar quem devo ser, preciso aceitar essas difíceis interrogações. Porque terá Deus permitido que isso acontecesse? Ele sabia que aquelas aves iam atravessar a nossa rota de voo, depois da decolagem. Ele podia tê-las "desviado", sem que ninguém no universo percebesse isso. O avião poderia ter decolado alguns segundos mais cedo ou mais tarde, não chegando a chocar contra as aves. Contudo, foi o que aconteceu e as consequências quase catastróficas puderam ocorrer. Por quê?

É certo que Deus dá ao ser humano uma grande margem de manobra e liberdade para tomar decisões, que, por vezes, conduzem a desastres potenciais. No entanto, no Voo 1549, não se deu o caso de um homem consentindo que o seu ego o dominasse, levando-o a agir de forma imprudente, como acontece na maior parte dos acidentes, aéreos ou não. O capitão não decidiu voar com um tempo ruim; os motores não falharam devido a falhas na manutenção para reduzir os custos; nada disso. Nesse caso, em que o homem e a natureza literalmente colidiram, o acidente não se deu em virtude de pecado, erro ou qualquer outra opção humana.

Eu acredito que Deus teve misericórdia do nosso voo, e também acredito que todas as orações recitadas naqueles momentos surreais, por passageiros, espectadores e por mim próprio, através da misteriosa ligação entre a intercessão humana e a graça de Deus, nos salvaram a todos. Qualquer raciocínio objetivo sobre a confluência da "sorte" e de uma série de circunstâncias a nosso favor, quando as estatísticas eram claramente contra, levaria até o espírito mais cético a concluir que houve alguma interferência fora do comum: alguma coisa profunda e extraordinária.

* * *

Na manhã do dia 13 de fevereiro de 2009, durante a minha primeira viagem de negócios depois do acidente, tive o meu primeiro dia mau. Estava num quarto de hotel, colocando a gravata, e tinha ligado a televisão para ver o noticiário antes de sair para uma reunião, às 7h30. A primeira imagem que apareceu me fez estender o braço para a borda da cadeira e sentar-me num silêncio petrificado: fumaça escura e uma bola de fogo enchiam a tela. Sentindo-me incrédulo, li as palavras: "Voo 3407 da Companhia Continental cai em Buffalo". Estas palavras esmagaram a euforia em que eu estava vivendo havia quase quatro semanas. O "sentimento de culpa do sobrevivente" perpassou todo o meu ser. O fogo e a fumaça da imagem penetraram-me com um pessimismo sombrio e uma grande dor. Um pequeno avião que operava em voos regionais, transportando cinquenta almas e uma tripulação inexperiente e fatigada, tinha caído pouco antes da aterrissagem, em condições de gelo compacto e de muito mau tempo.

Passados alguns instantes, o meu celular tocou: era um repórter de Charlotte, que queria saber qual a minha reação frente ao desastre aéreo. Foi difícil articular palavras. Depois, fiquei sentado e imóvel, durante trinta minutos, completamente incrédulo, de olhos fixos na tela, sem querer me mexer e sem compreender.

Nesse momento, fui confrontado com a pergunta mais difícil de todas, aquela que estivera à espreita no fundo da minha mente e que agora me assaltava, subitamente, como um leão no meio da noite. Era a pergunta para a qual eu poderia não ter uma resposta segura, mas aquela com que tinha de me confrontar: porque é que Deus poupou *a nós*? Eu não queria abordar essa questão. No entanto, se queria acreditar que Deus interviera no desfecho do Voo 1549, seria hipocrisia rejeitá-la.

Mas como é que eu posso abordar esta questão? Como poderá alguém fazê-lo? Para mim, é como as outras perguntas difíceis com que a humanidade se confronta: por que existe o mal no mundo, por que é que as crianças têm de morrer, por que alguns devem sofrer trágicas doenças ou infortúnios, por que existem pessoas que matam outras simplesmente por não pensarem da mesma forma, por que existe sofrimento no mundo, por que razão acontecem coisas ruins àqueles que tentam fazer o bem? Por que é que o próprio Deus é rejeitado, torturado e crucificado? Por que é que a simples mensagem de Cristo – de amor, perdão e sacrifício pelos outros, por amor de Deus – é tão odiada por tanta gente no mundo? Todas estas perguntas desembocam numa mesma resposta, a única resposta plausível: Deus permite que ocorram tragédias (ou intervém milagrosamente para impedi-las) *em prol de um bem maior.*

Para mim, pessoalmente, aquele acontecimento mostrou, clara e precisamente, o poder das promessas da oração devocional. Deus nos poupou porque um bem maior deveria advir, e ele conta com isso. Uma confluência de esforços e de elementos circunstanciais uniu-se no Voo 1549, conduzindo a um desfecho altamente improvável... e milagroso. Foi o trabalho combinado do ser humano e de Deus que permitiram que o voo terminasse como terminou. Não há outra explicação possível.

Contudo, daí também deve derivar um bem maior. Eu não posso falar pelas outras pessoas presentes naquele avião (embora acredite que Deus tem um bem maior para cada uma delas), mas posso falar por mim: eu sinto que tenho uma dívida que nunca poderei pagar. Em relação a todos aqueles que não tiveram tanta sorte em acidentes de avião, devo recordá-los, rezar por eles e pelas suas famílias, e nunca devo tomar um único momento da minha vida como um fato consumado.

O Voo 1549 foi uma escola de vida para mim. Por baixo das camadas de aflição, terror, esperança e euforia, encontram-se muitas lições. A maior foi a convicção renovada que experimentei, por muito infantil ou simplista que possa parecer, do grande poder de Deus para salvar e proteger aqueles que recorrem a ele com um coração contrito e um amor sincero.

Eu não mereci o dom de ser poupado no Voo 1549, mas o importante não era o meu mérito, mas sim o de Deus. Foi esse o elixir que aqueceu e purificou a minha alma nas águas gélidas do Rio Hudson naquele dia. Para mim, houve dois milagres, no dia 15 de janeiro de 2009: o primeiro manteve o céu limpo, as águas calmas e a mão de um piloto firme; o segundo foi a minha resolução interior, movida pela graça, de aceitar o desfecho da amerissagem com *esperança*.

O avião do Voo 1549 da U.S. Airways sobrevoa o Rio Hudson.

Os passageiros aguardam por socorro
sobre as asas do Airbus A-320.

O primeiro barco chega para resgatar os passageiros das asas do Airbus A-320 da U.S. Airways.

Aproximam-se vários barcos para salvar os passageiros das asas do Airbus A-320 da U.S. Airways.

Os últimos passageiros afastam-se do Airbus A-320
da U.S. Airways, num barco inflável.

Depois de todos os passageiros serem salvos,
o jato afunda no Rio Hudson.

Barcos salva-vidas flutuam perto do avião.

A Estátua da Liberdade ergue-se ao fundo, enquanto vários barcos salva-vidas estão junto ao avião.

A carcaça do avião do Voo 1549 da U.S. Airways flutua no Rio Hudson, perto de Battery Park City, em Nova York.

Um guindaste que se prepara para içar o Airbus A-320 do seu local de ancoragem improvisado, junto a um paredão na baixa de Manhattan.

O Airbus A-320 da U.S. Airways pôde ser visto numa barcaça, no Rio Hudson, no sábado, dia 17 de janeiro de 2009.

Um dos motores do avião do Voo 1549 da U.S. Airways
é içado do Rio Hudson, a 23 de janeiro de 2009.
O outro motor ainda estava preso ao avião,
quando este foi retirado do rio,
na semana anterior.

Dois operários passam por um dos motores do Airbus A-320 da U.S. Airways, a 17 de janeiro de 2009.

Socorristas do Voo 1549 da U.S. Airways assistem à cerimônia de abertura do NASDAQ, em Times Square, no dia 20 de janeiro de 2009.

Eu, com 3 anos de idade, com a minha irmã Tina, em Fort Lauderdale, Flórida.
Atrás, da esquerda para a direita, minha mãe Charlotte, minha irmã Michelle, minha avó paterna Rosa.

Eu, no 6º ano, o meu primeiro ano numa escola católica.

Eu, como calouro na Universidade.

Eu, no segundo ano da Universidade.
Atrás, da esquerda para a direita, meu cunhado Bob
(marido de Michelle), meu pai, Frederick Sr., e eu.
Na frente, meu cunhado Mike,
minha irmã Tina e a sua bebê Shannon.

Minha mulher, Liz, e eu, no nosso casamento.

Eu com os meus pais e as minhas irmãs.
O meu pai, Frederick, a minha irmã Tina, a minha irmã Michelle, eu e a minha mãe, Charlotte. Foi a primeira vez que nos reunimos todos, desde o divórcio dos meus pais.

Minha família: atrás, da esquerda para a direita,
meu filho Jonathan, minha mulher Liz e eu;
na frente, da esquerda para a direita, meu filho Benjamin,
minha filha Lauren e meu filho Evan.

Eu, ao lado do meu primeiro avião,
um monomotor Piper Warrior,
o avião em que aprendi a pilotar.

Meu pai e eu em Orvieto, Itália.
Foi a última fotografia que tiramos, antes da morte dele,
ocorrida em julho de 2004.

10
LIÇÕES

"O meu anseio pela verdade
era uma única oração."
(Santa Teresa Benedita da Cruz)

Os dias iam passando e a sequência da vida teve, inevitavelmente, de se ajustar de novo a certa normalidade. Contudo, a interrogação que me perseguia era: "O que é que eu vou fazer da minha vida a partir de agora?". Tendo-me sido dada uma segunda oportunidade, será que eu poderia limitar-me a regressar a quem era e ao que fora até então? Seria possível guardar todo esse acontecimento como apenas um capítulo bastante dramático e interessante da minha vida? Poderia eu continuar com a mesma atitude e perspetiva?

Não. Essa era a única resposta plausível. Continuar a ser a mesma pessoa seria uma rebeldia flagrante à realidade do que sucedera e do grande dom que me fora concedido.

No entanto, embora eu conseguisse articular essa resposta na minha mente e pudesse dizê-la ao mundo à minha volta, eu sabia que tinha de começar a tentar perceber o seu significado, tanto na minha mente como na minha alma. O que é que Deus queria que eu aprendesse com o seu milagre? As lições devem estar aí, além da clara e profunda gratidão que eu não conseguia manifestar por palavras.

Eu sei que a experiência do Voo 1549 me deu a oportunidade de contemplar minhas batalhas espirituais e a forma como eu, antes, via a minha vida. Agora, vejo claramente as formas pelas quais Deus tentava chamar a minha atenção, tanto nos períodos bons como nos maus: nos meus êxitos e realizações, nos meus fracassos e crises familiares, na morte do meu filho e na do meu pai. Mesmo quando tentava fazer um esforço genuíno para responder à chamada de Deus, nunca era do fundo do coração. Agora, vejo que sempre retive alguma coisa, negando-a a Deus: sobretudo, a minha total confiança na sua vontade e misericórdia. Deus sempre me compreendeu perfeitamente: os meus combates e as minhas fraquezas, as minhas intenções e os meus desejos. Mas eu não estava disposto a ceder, a abandonar todo o meu ser, porque me faltava a fé e a confiança para dar esse passo. Tal como quando Pedro hesitou, ao olhar para

Cristo que caminhava sobre a água na sua direção, eu não compreendia plenamente que Deus me concederia a paz e o repouso que sempre procurara ao longo da minha vida.

Depois de tomar a resolução de Ano-Novo de melhorar a minha vida espiritual, tentara reforçar o meu empenho. Hoje, vejo que Deus estava colocando no meu coração os fundamentos para os acontecimentos de 15 de janeiro. Várias vezes nos últimos quinze anos, desde a minha volta à Igreja Católica, eu me forçara a rezar o terço, por exemplo. Bastam cerca de vinte minutos para rezar os cinco mistérios. Eu sentia tantas dificuldades ao tentar rezá-los que, inevitavelmente, acabava por me esquivar. Olhando agora para trás, percebo que nunca tentei rezar o terço com a mesma vontade que sinto ao realizar tantas outras coisas comuns, da vida diária.

Quando comecei a meditar o Rosário novamente, reaprendi as quinze promessas tradicionalmente associadas a ele. Interrogava-me se elas poderiam mesmo realizar-se, e dirigi uma prece a Deus, questionando essa possibilidade.

A primeira promessa era que havíamos de receber "sinais da graça". E o que é, afinal, um sinal da graça? Descobri que se trata de um sinal de Deus que nos confirma determinado caminho ou ação por nós seguido ou praticado, ou que nos adverte contra eles.

Os únicos pertences que eu tinha comigo depois da amerissagem de emergência eram a roupa que vestia, meu celular, minha carteira, um terço e a velha cópia do livrinho de orações da *Pietà*, que colocara no bolso da camisa, e, como é óbvio, o meu cartão de embarque. Quando retirei o cartão de embarque do bolso da camisa, decidi guardá-lo como recordação da graça de estar vivo. Coloquei-o dentro do livrinho de orações e não voltei a olhar para ele ao longo de vários dias.

Certa tarde, alguns dias depois, após rezar o terço, lembrei-me do livrinho da *Pietà*. Quando o abri, vi meu cartão de embarque e notei algo impressionante. O número quinze repetia-se de uma ponta à outra: o número do voo era *1549*; o embarque, na porta *15* às *14h15m*; a partida, a *15* de janeiro. Depois, reparei em outras repetições do mesmo número. Havia *155* passageiros a bordo do avião. A tradicional devoção do Rosário compreende *15* mistérios. O voo inteiro desenrolou-se ao longo das 3 da tarde, a *15ª* hora do dia. O avião pousou na água às *15h31*, e eu subi para o ferryboat às *15h46*, momento em que recebi uma chamada da minha assistente. Para mim, o período desde a amerissagem até o salvamento, durou *15* minutos. Liguei para a minha mulher às *15h47*. Devo confessar que fiquei intrigado com essa coincidência numérica e perguntei-me se seria esse o *sinal* que vinha confirmar a minha pergunta sobre a validade das *15 promessas*, para aqueles que rezam o Rosário com sincera devoção.

Segundo o diário que Santa Faustina guardou das suas revelações particulares com Cristo, na década de 1930, ele lhe disse que, às 3 da tarde, ou a 15ª hora do dia, é "a hora da grande misericórdia". Foi durante essa hora que o coração de Cristo foi trespassado por uma lança e que dele jorraram sangue e água como uma fonte de misericórdia para o mundo. "Nesta hora" – disse-lhe Cristo – "eu não recusarei nada à alma que me fizer um pedido em virtude da minha Paixão".

Para mim, essas coincidências eram demasiado avassaladoras para serem ignoradas, e eu encontrei grande consolação e paz na minha devoção ao Rosário desde aquela amerissagem de emergência. *O milagre no rio Hudson* foi para mim o maior sinal possível, confirmando que eu devia abandonar-me plenamente a Deus e viver minha fé de todo o coração; dando o meu melhor em tudo o que faço na vida, e deixando o resto para Deus.

* * *

Certa noite, alguns dias após o acidente, decidi procurar o autor do livro que estava lendo no avião antes de os motores falharem. Descobri o site de Vinny Flynn e enviei-lhe uma nota de agradecimento por e-mail.

"Só quero que saiba que o seu livro me reconfortou naquele momento" – escrevi eu –, "por isso, sinto-me grato. Sei que muita gente estava rezando naquele avião, e acredito que *o milagre no Hudson* foi uma expressão da misericórdia de Deus, e um sinal de esperança".

A resposta de Vinny foi muito amável, e nós trocamos várias mensagens nos dias subsequentes, o que me ajudou a lidar com a "ressaca" que sentia. Ao longo desses dias, e em parte devido ao modo de ver de Vinny e ao ânimo que me deu, percebi que qualquer coisa mudara profundamente para mim, num sentido espiritual. Eu sentia que muitos dos demônios pessoais que me tinham atormentado até então, que me afligiam e me tentavam constantemente, impedindo-me de seguir uma vida cristã mais empenhada, haviam desaparecido. Era difícil de descrever, mas em outra mensagem dirigida a Vinny, tentei explicar aquilo que sentia:

> Vou limitar-me a avançar passo a passo, para ver até onde é que isto me leva. Nos últimos minutos daquele voo, percebi que, de uma forma inexplicável, todas as minhas tentativas absurdas de manter a minha vida sob controle são, agora, como que conchas partidas no fundo do mar. Eu nunca consegui controlá-la de verdade, embo-

ra pensasse que sim. Agora, porém, tal como o copiloto que, imediatamente, entregou os comandos ao capitão ao ouvir a ordem dada, devo dizer a Deus: "Não sou eu que comando a minha vida, és tu que tens de conduzi-la". Nunca devo me esquecer destas palavras.

Você descrevia a misericórdia de Deus como um oceano. Eu sei que uma pessoa só pode ser batizada uma vez, mas devo dizer-lhe: nas correntes daquelas águas gélidas, molhado e enregelado, de joelhos sobre a asa de um jato depois de ser confrontado com a morte, fui batizado pela segunda vez.

E uma das mensagens do seu livro era, precisamente, aquilo que você disse: "Manter-me unido a ele, manter-me unido a ele nos dias que hão de vir, ali, onde o céu se encontra com a terra, no maior mistério de todas as épocas". Esse é o segredo que eu devo pôr em prática, mas que não pode ser secretamente.

* * *

Olho para trás, para o Voo 1549, e penso na alegria que as famílias dos passageiros sentiram quando souberam que os seus entes queridos estavam sãos e salvos. Penso na coragem que testemunhei da parte de muitos passageiros, ajudando e consolando as pessoas necessitadas, antes e depois da amerissagem. Recordo a perícia e a diligência dos pilotos dos ferryboats quando acorreram em nosso socorro, sabendo que dispúnhamos de tão pouco tempo para sermos salvos. Reflito sobre o espírito decidido dos controladores de tráfego aéreo, fazendo tudo o que podiam para dar alternativas ao capitão Sullenberger, e na aflição que devem ter sentido quando perderam o contato com a aeronave no radar. Penso na tripulação *do Voo 1549*, no seu profissionalismo e na sua humildade. Olho para trás, para todas as pessoas que acorreram em nossa ajuda – os socorristas, os oficiais da polícia, os bombeiros, a Guarda Costeira etc., etc. Penso nos valores da humanidade que vivenciei naquela tarde e percebo a grandeza de que o ser humano é capaz quando é posto à prova e sustentado pela graça de Deus.

No esquema grandioso das coisas, poder-se-ia dizer que o Voo 1549 foi um acontecimento relativamente pequeno. No fim, ficará registado como um raro momento de sorte, numa lista de trágicos acidentes de aviação. O seu significado pessoal mais profundo deve ser deixado à contemplação de cada um de nós, para que tentemos entendê-lo. A nossa própria consciência deve processar os infortúnios e os triunfos da vida e tirar deles tudo o que pudermos.

Na sequência daquele episódio, caminhava muitas vezes à volta da minha casa, fitando os meus filhos e pairando num sentimento de satisfação quase etérea. Li, há muito tempo, num livro escrito por um esquecido autor espiritual, sobre "viver com Deus no momento presente". Eu não sabia ao certo se alguma vez tinha tido essa sensação. Uma tarde, depois de uma corrida pelo bairro, enquanto observava os meus filhos brincarem com os nossos cães no jardim num dia frio e límpido de inverno, percebi como cada momento é importante e insubstituível. Percebi que nunca mais poderia viver a partir da antiga perspectiva. A luta interna que sentira durante tanto tempo, e que era quase uma parte permanente de mim, havia desaparecido. Em alguns breves momentos, durante o Voo 1549, tomei uma decisão irrevogável. Dizer essas palavras custou-me a vida, e eu sei que foi apenas a graça, imerecida por mim, que me permitiu dizê-las.

* * *

Extraí ainda outras lições do Voo 1549, e durante as semanas que se seguiram, comecei a percebê-las. Tinha-me sido dado tanto na vida! A misericórdia de Deus sempre estivera comigo, e a minha pobre fé havia sido muitas vezes recompensada, embora me faltasse o nível apropriado de gratidão e humildade que Deus desejava de mim. Como é óbvio, ele não precisava da minha gratidão para fazer aumentar a sua importância ou a sua glória. Ele só a queria para mim, para que a minha fé pudesse tornar-se mais aberta frente às suas obras;

para que eu pudesse procurar realizar-me no único lugar possível: nele próprio.

Comecei a ver como as provas por que tinha passado na minha vida se tinham tornado muito mais duras pela minha falta de confiança na Providência e na generosidade de Deus. Os erros que cometi foram decorrentes do meu próprio orgulho... confiando demasiado em mim mesmo para passar pelas provações da vida. Eu sempre sentira o convite amoroso de Deus para me abandonar a ele, para aceitar a sua vontade para a minha vida, e sabia que sempre retivera qualquer coisa para mim e estava sempre com medo de admiti-lo. Ainda por cima, sempre tivera os sacramentos da Igreja e o seu grande poder rejuvenescedor à minha disposição e, no entanto, deixara, com demasiada frequência, que os seus efeitos se perdessem. A vida espiritual, como todas as coisas boas, requer empenho e disciplina, e eu falhara em ambas as frentes. Desde aquele que foi, talvez, o ato singular mais humilde da minha vida, a oração contrita que fizera na juventude, tanto tempo atrás, Deus fora muito mais generoso comigo do que eu fora com ele.

Antes da minha conversão inicial, tal como o filho pródigo, eu estava longe de Deus, meu Pai. Depois da minha conversão, Deus me ofereceu vislumbres da verdade frente aos quais eu não manifestara gratidão suficiente. Ele alimentara-me e animara-me com o mistério da sua Palavra na Escritura, abrira-me à profunda sabedoria, lógica e necessidade dos ensinamentos e tradições da Igreja. Ele permitira que eu participasse do poder e da serenidade dos sacramentos: da paciência e misericórdia de Deus na Reconciliação; da intimidade de Deus no Matrimônio; da presença única e especial de Deus, na Eucaristia. Toda essa sublime beleza da revelação de Deus através da Igreja era, demasiadas vezes, evitada por mim, devido ao cansaço do combate da vida cotidiana, dificultada pelo meu próprio orgulho interior e falta de coragem espiritual.

Deus envidou todos os esforços para chamar a minha atenção, nos meus êxitos e nos meus fracassos, nas minhas alegrias e nas minhas dores, e eu não tive coragem suficiente para dar o passo seguinte, para avançar com uma fé total, até que ele me levou às portas da morte e me pediu para caminhar sobre a asa de um avião, no meio de águas gélidas. Ele não precisava me pôr à prova, mas eu, sim. Tal como Pedro, que, tendo começado a caminhar sobre a água olhara para baixo e perdera a confiança, eu, nesses momentos, percebi quão pouca fé sempre tivera na minha vida e de quanto, apesar disso, recebera em troca. Compreendi mais claramente a necessidade de humildade para me aproximar de Deus: os simples requisitos de sinceridade, confiança filial e disponibilidade para me voltar para a realidade imensa das profundezas da misericórdia de Deus com um espírito contrito.

* * *

Eu também desenvolvera um profundo apreço pela virtude da prudência, pela importância de uma sensata tomada de decisões. Podemos pensar que sabemos como é importante tomar boas decisões na vida, mas, muitas vezes, tomamos esse axioma como um dado adquirido. Tal como o capitão Sullenberger, que foi tentado a fazer uma escolha mais convencional entre dois aeroportos que tinha à vista, mas que, diante das circunstâncias, optou pela terceira e mais improvável alternativa, o rio, percebi como é fundamental na vida a tomada de decisões em todos os níveis. Há sempre opções aparentemente boas a escolher, mas há sempre a melhor opção: aquela que desembocará no maior bem para todas as pessoas envolvidas e aquela que provocará uma reação positiva em cadeia. Por vezes, a melhor opção não é aquela que parece boa, nem aquela que todas as pessoas à nossa volta prefeririam.

Depois, há a realidade da nossa mortalidade: a morte chegará eventualmente, e pode chegar a qualquer momento. Nós vemos e ouvimos falar de pessoas que morrem de repente, de doença ou de acidente, e, raramente pensamos em quando será o dia de nossa própria morte. É tão fácil acreditar que a vida seguirá em frente e que a morte ainda se encontra distante! Não é fácil pensar na morte, mas eu percebi que ela não precisa ser temida, desde que façamos todo o possível por conhecer, amar e servir a Deus. Posso dizê-lo por experiência própria: quando nos confrontamos com a morte, só desejamos ter mais tempo para nos prepararmos para ela. Estar preparado, com efeito, é uma coisa boa.

Uma das minhas experiências pessoais mais animadoras e inspiradoras, em todo este processo, foi, sem dúvida, o meu encontro com a dignidade e o valor contributivo do ser humano. O Voo 1549 redundou em êxito devido aos esforços combinados de muitas personalidades e competências diferentes, por indivíduos de uma quantidade imensa de antecedentes e vivências diferentes. Todos trabalharam juntos na tarde do dia 15 de janeiro de 2009, numa orquestração que, durante alguns momentos brilhantes, retrataram a nobreza da humanidade, guiada e sustentada pela graça de Deus. Vi isso em mim próprio e nas pessoas à minha volta. Eu sei que os atos mais corajosos da minha vida foram realizados nesse dia, e senti-me feliz e inspirado pelas ações e esforços de quem me rodeava. O cavalheirismo não morreu, e é pena que, muitas vezes, seja necessário acontecer uma tragédia para fazer esta elevada forma de virtude assomar à superfície do ser humano. Testemunhei-o naquele dia de todas as formas possíveis, e sou eternamente grato por essa experiência.

Finalmente, a lição mais humilhante e profunda para mim também foi a mais simples e a mais difícil de aceitar: Deus está no controle da nossa vida. Não há dúvida de que quem controla a vida é Deus. É tão fácil convencermo-nos mentalmente de que somos nós que detemos o maior domínio sobre a nossa vida, e que Deus não tem interesse nas nossas atividades cotidianas! Percebi, com uma rara clareza, que Deus tem e usa a capacidade de influenciar e trabalhar em nós, através de nós e à nossa volta – mas, muitas vezes, não conseguimos ver a ação divina, ou acabamos por impedi-la através das nossas próprias ações e falta de obediência. De nossa parte, devemos aplicar os nossos talentos e contribuir com aquilo que podemos fazer como cidadãos responsáveis enquanto vivermos, mas, no fim, devemos deixar que Deus cumpra em nós a sua vontade.

Se acreditamos de verdade que Deus, do nada, criou o Universo, limitamos a nossa experiência de vida quando não acreditamos que Deus cuida de praticamente todos os detalhes e aspetos da nossa vida. Diz-nos a

Escritura que os próprios cabelos da nossa cabeça estão contados. Então, por que nos preocupamos tanto? Por que é que eu me preocupo tanto? Pela minha falta de fé. Deus conduziu-me através de todas as provas e dificuldades da minha vida, e, de certo modo, essa lição culminou, para mim, na sua disponibilidade e poder de guiar a miríade de circunstâncias que permitiram que cento e cinquenta e cinco almas sobrevivessem a uma catástrofe.

* * *

Depois de várias pessoas terem me animado a escrever sobre a minha experiência e sobre como o Voo 1549 me afetara, a mim e às pessoas da minha vida, procurei um ponto de partida que me levasse de volta até os primórdios da minha juventude. Embora a espiritualidade oferecida por *Fernão Capelo Gaivota* não viesse a tornar-se o destino final para mim, o livro, de certo modo, serviu como ponto de partida para a minha viagem espiritual (Deus, através de muitos meios). Se eu ia escrever um livro, sentia que devia prestar-lhe homenagem, devido aos anseios por uma vida mais elevada que me transmitira na juventude. Localizei a versão original de capa mole na minha estante, que parecia esperar que eu voltasse a abrir as suas páginas desde então.

Enquanto relia o livro em busca de algumas linhas que o ligassem à minha própria história, descobri, obviamente, mais uma coincidência intrigante. Tinha-me esquecido que um dos instrutores de Jonathan Livingston (Fernão Capelo) se chamava Sullivan, sendo afetuosamente alcunhado por ele de *Sully*. Eu nunca soubera nem ouvira falar de outro Sully na minha vida, até me sentar num estúdio de televisão e me pedirem para observar uma fotografia do capitão Chesley *"Sully"* Sullenberger, antes da minha entrevista. Minha reação imediata ao ver esse nome no livro foi, naturalmente, pensar nele como sendo apenas uma coincidência interessante. Sorri e tive de voltar atrás esse pensamento, pois sabia que já não acreditava em coincidências.

EPÍLOGO

"Sonho com um lugar numa ilha,
Pelos mares distantes isolada.
Uma pequena ilha cuja face,
Pelas próprias estrelas é admirada.
E quem murmuraria e duvidaria,
Se Deus o sol nascente lhe envia?"
(*Uma ilha*, ELIZABETH BARRETT BROWNING)

Quando eu era criança, no meu amor pela aviação e nos meus sonhos de longas viagens em grandes aviões, eu costumava sentar-me no chão do meu quarto e ler revistas da *National Geographic*, do começo ao fim, maravilhando-me com anúncios de companhias aéreas, que geralmente encontrava nas primeiras páginas de cada edição. Os gráficos, representando as rotas aéreas de diversas companhias para a Europa, as Ilhas Caraíbas e o Pacífico Sul, eram como mapas de sonho que me conduziam à liberdade. Eu os estudava e procurava esses lugares remotos no meu globo. De certo modo, na minha mente, a ideia de voar para uma distante ilha tropical viria a ser a viagem ideal.

Esta noção de sonho foi reforçada ao ler um poema, na escola, de autoria de Robert Louis Stevenson, chamado *Viagem*. Ao ler as primeiras linhas – "Eu gostaria de levantar-me e ir embora,/ onde cresce a maçã dourada,/ e onde sob um outro céu,/ se encontram ancoradas as Ilhas Papagaio" –, eu vivia fascinado com a noção romântica de viajar para uma ilha distante. Alguns anos mais tarde, li *Robinson Crusoé*, e isso ajudou a transformar a minha fantasia em algo mais profundo, mais misterioso e atraente. A ilha tropical tornou-se, então, o meu escape mental, talvez um mecanismo de defesa que detinha as respostas para a minha alma sedenta e que me conduziria para bem longe dos problemas da vida.

Numa viagem de negócios, por volta dos trinta e cinco anos, enquanto voava sobre o Oceano Pacífico, acabara por me cansar de me debater com uma apresentação em que estava trabalhando. Os filmes, no avião, não me pareciam muito interessantes, por isso, pela primeira vez desde a minha infância, peguei uma revista da *National Geographic*. Descobri um artigo que descrevia uma ilha do Pacífico Sul chamada Palmira. Como o Pacífico Sul sempre exercera um fascínio místico sobre mim, esperava um dia poder visitá-la. Nessa viagem, teria de me contentar com o artigo.

Li que o Atol Palmira com a sua lagoa, um território dependente dos Estados Unidos, tem cerca de 12 km² de superfície e está situado a quase mil milhas do Hawaii, ficando parte das ilhas no hemisfério Norte, pouco acima do Equador. Está quase, literalmente, no meio de nada. Durante a II Guerra Mundial, foi criada uma passagem no atol, onde os navios podiam aportar em segurança. Manteve-se desabitada, excetuando aves marinhas que para lá migram para procriar e alguns cientistas ocasionais, em trabalhos de pesquisa. Nessa época, Palmira talvez fosse uma das últimas ilhas prístinas do mundo que o homem deixara intactas.

A beleza e a serenidade daquele lugar impressionaram-me, e eu decidi escrever sobre ele enquanto estava sentado no avião, perguntando-me a que distância se encontraria, naquela extensão de azul que eu via através da minha janela. Por alguma razão desconhecida, também pensei na minha viagem espiritual, na minha busca de toda a vida pela verdade, e pareceu-me haver uma ligação a ser estabelecida. Sem escrever um poema havia vários anos, sentia-me estranho, ali sentado a trinta mil pés de altitude rascunhando um, enquanto o homem a meu lado folheava uma revista de moda e estilo; de qualquer forma, porém, continuei a escrever.

EM LOUVOR DE PALMIRA

Profunda, luxuriante, tranquila, tons azuis e verdes,
Pequena ilha na Linha,
Adornada numa curva silenciosa
De beleza quase fora do tempo.
Um azul prístino tão atraente,
Uma aura oceânica qual tanzanita,
Refletindo céus tropicais varridos pelo sol:
Nuvens branco-diamante, brilho sobre brilho.
Flutuando ancoradas, flutuante paradas,
Gemas incrustadas num mar de safira,
Um tesouro escondido sempre à espera
À sombra de palmeiras cruzadas.
Um canal esculpido, uma passagem escavada,
Através do jardim virgem de coral,
Para que alguns possam encontrar um porto, um abrigo
De batalhas já travadas, e de outras esquecidas.
Do nome desta ilha, chamada Palmira,
Muito ao longe, numa distância pacífica,
Cercada por bancos de coral
Protegendo de tormentas intempestivas.
Que virá a ser deste oásis-ilha?
Será o seu paraíso conhecido na terra?
Virão as almas naufragadas aportar aqui,
Descobrindo nessas costas a sota-vento uma casa repleta?
Será minha?
Uma vez perdido em águas escuras e profundas,
Com frio, abalado e encharcado acovardei-me.
Já sem forças nem ânimo,

Numa busca infindável de poderes salvadores,
Uma vela em farrapos, uma jangada quebrada,
Existindo nas ondas da morte,
Escoando, lutando, afundando-se muitas vezes,
Quase afogados com respiração esforçada.
Meu batel à deriva, inclinado, virado,
Qual alma vagueante à beira de um grande abismo,
Mas ventos de verdade corrigiram a minha rota,
E eu encontrei Palmira, nova vida revelada.

Quando escrevi estas linhas, pareceu-me que elas punham termo à minha busca inicial de resolução para o vazio interior que sentira na minha juventude e início da vida adulta. Nessa época, pressentia que havia amadurecido interiormente, julgando ter encontrado a verdade que, pela fé, tentara encontrar. Mas ainda havia uma parte do mistério por resolver, como uma tranquila via navegável que de repente chega ao fim, sem uma passagem clara à vista para terminar a viagem. Havia qualquer coisa dentro de mim ainda por resolver, e eu ansiava por conseguir completá-la. Na minha própria mente, coração e alma, retivera qualquer coisa para mim, mas nessa altura não o percebia.

Ao reconsiderar esta metáfora na sequência do Voo 1549, percebi que ela tinha algo de profético para mim. Pois, no mais improvável dos acontecimentos, enfrentando a morte, mas sem desistir de ter esperança com a mais simples das decisões no mais difícil momento da minha vida, decidi confiar plenamente e abandonar-me, aceitando a vontade de Deus para mim. Pensei que ele estava preparando-me para a morte, mas estava, na verdade, preparando-me para a vida. E essa decisão, com efeito, fez toda a diferença para mim.

De uma forma única, todos nós procuramos a nossa própria Palmira. O mundo nos diz que ela pode ser encontrada em inúmeros lugares, coisas, prazeres e realizações. Cada um de nós tem o seu próprio navio para navegar ao longo da vida, enquanto traçamos a nossa rota e abrimos caminho através do mar alto do nosso futuro. Incitam-nos a dar o nosso melhor para aproveitar ao máximo aquilo que temos, utilizando os nossos talentos e capacidades para navegar através dos oceanos e das tempestades que, inevitavelmente, encontramos. Por muito resistentes que pensemos ser, até os mais fortes precisam da ajuda dos outros e de Deus. A noção romântica do homem empreendedor, que constrói a si próprio, não existe de fato, pois todos sabemos que cada pessoa que vive tem uma dívida para com aqueles que vieram antes dela, uma dívida demasiado grande para poder ser paga. Além da nossa própria vida, que não criamos e que são um dom, muita coisa nos é oferecida ao longo do caminho. Quando descobrimos alguma coisa de grande valor, devíamos desejar partilhá-la; quando cedemos à tentação de entesourá-la, já está perdida. Mesmo quando a partilhamos, partilhamo-la bem se o fizermos de forma caridosa e humilde; caso contrário, o dom poderá não chegar a ser recebido.

Tentei partilhar, com sinceridade, algo de valor nesta história, algo que não posso reivindicar como meu ou nem sequer transmitir, mas que posso apenas apontar... animando aos meus leitores a aceitá-lo. Seja qual for a fé de quem me lê – pequena, grande ou inexistente –, convido-o a avaliar a sua viagem até a sua própria Palmira; a refletir sobre o lugar em que se encontra e o seu destino. E estaria em falta se não o convidasse também a visitar a minha.

É fácil errar a avaliação da sua distância. Palmira não é tão pequena ou isolada como se poderia pensar, nem demasiado idílica para ser real. Nela há pessoas de todas as cores, nações e estratos da vida, com espaço suficiente para mil outras terras, sem nunca ficar diminuída. A viagem não é tão difícil, e os responsáveis pela ilha estão dispostos a conduzir o visitante ao longo de todos os obstáculos que lhe atravessarem o caminho, através daquilo que poderia entravá-lo, impedindo-o de chegar àquilo que, mais adiante, o espera. Maria, Mãe de Jesus e Estrela do Mar, será a guia mais expedita e fidedigna para quem decidir pedir-lhe ajuda, e, em breve, o leitor encontrará o seu caminho até as praias brancas, as amáveis palmeiras e as verde-azuladas águas da vida.

APÊNDICE

ORAÇÕES DEVOCIONAIS

Frederick Berretta decidiu partilhar algumas de suas orações devocionais com os seus leitores. Além de constituírem um repositório da Tradição Católica, delas se socorreu, e ainda se socorre em sua relação com Deus, particularmente nos momentos mais marcantes de interioridade ou sublimação espiritual.

Uma oração para antes de viajar

Ó Deus, vós chamastes Abraão, vosso servo, a sair de Ur e mantiveste-o são e salvo através de todas as suas deambulações. Se for essa a vossa vontade, protegei os vossos servos. Sede para nós apoio à partida, amizade ao longo do caminho, uma pequena sombra para nos proteger do sol, um manto contra o frio e contra a chuva, um bastão nos caminhos escorregadios e um refúgio em caso de naufrágio. Sustentai-nos na fadiga e defendei-nos dos ataques. Sob a vossa proteção, fazei-nos alcançar o fim da nossa viagem e regressar sãos e salvos a nossa casa. Amém.

Rosário de Nossa Senhora

Começar com o sinal da cruz.

Enunciar os mistérios da coroa do Rosário (Gozosos, Dolorosos, Luminosos ou Gloriosos) e em cada coroa (Terço) rezar 5 dezenas de Ave-Marias, antecedendo cada dezena de 1 Pai-Nosso e seguindo-a de um Glória e da jaculatória "Ó meu bom Jesus...".

Terminada a última dezena, rezar três Ave-Marias, pedindo o aumento das virtudes da Fé, Esperança e Caridade.

Concluir com uma Salve-Rainha e a seguinte oração: "Ó Deus, cujo Filho Unigênito por sua morte, vida e ressurreição nos alcançou os prêmios da vida eterna, concedei, nós vos imploramos, que honrando estes mistérios pelo Sacratíssimo Rosário da Bem-aventurada Virgem Maria, imitemos o que contêm e obtenhamos o que prometem. Pelo mesmo Jesus Cristo, Senhor Nosso. Amém".

Terço da Divina Misericórdia

Nosso Senhor apareceu a uma religiosa polonesa, Santa Faustina Kowalska (1905-1938), e manifestou-se-lhe como a Infinita Misericórdia. Pediu-lhe que rezasse o seguinte terço, para invocar a sua misericórdia sobre o mundo, dizendo: "Quem quer que recite [este terço] receberá grande misericórdia, na hora da sua morte... Os sacerdotes recomendá-lo-ão aos pecadores como uma última esperança de salvação. Até o pecador mais endurecido, se recitar este terço, nem que seja uma vez, receberá graça da minha infinita misericórdia... Grandes graças concederei às almas que recitarem este terço!".

Rezar, utilizando um terço normal.

Recitar um Pai-Nosso, uma Ave-Maria e o símbolo dos apóstolos.

Nas contas do Pai-Nosso, dizer: "Eterno Pai, eu vos ofereço o corpo e o sangue, a alma e a divindade de vosso diletíssimo Filho, Nosso Senhor Jesus Cristo, em expiação dos nossos pecados e dos do mundo inteiro".

Nas contas da Ave-Maria, dizer: "Pela sua dolorosa paixão, tende misericórdia de nós e do mundo inteiro".

Para terminar, dizer três vezes: "Deus Santo, Deus Forte, Deus Imortal, tende piedade de nós e do mundo inteiro".

São Cristóvão, padroeiro dos viajantes

Depois de se ter convertido à fé católica, no século III, Reprobus, um homem corpulento com uma força imensa, construiu uma cabana à beira de um rio impetuoso e ameaçador que não tinha ponte, e decidiu servir Cristo, transportando os caminhantes até a outra margem. Desempenhou fielmente esta missão, dia e noite, sempre que alguém precisava dos seus serviços.

Certa noite, ouviu uma criança chamar pedindo-lhe que a transportasse na travessia do rio. Levantou-se rapidamente, colocou a criança aos ombros, pegou no seu bastão e entrou na torrente impetuosa. No meio do caminho, na parte mais profunda do rio, a criança ficou subitamente muito mais pesada. "Ó menino" – queixou-se Reprobus –, "como és pesado! Parece-me que tenho o peso do mundo sobre os meus ombros". A criança replicou: "Tens razão! Carregas não só o mundo, mas o Criador do Céu e da Terra. Eu sou Jesus Cristo, teu Rei e Senhor, e a partir de agora serás chamado Cristóvão, ou seja, 'portador de Cristo'. Quando chegares à outra margem, enterra o teu bastão e, como prova da minha força e do meu poder, amanhã ele dará folhas e flores". Com estas palavras, a criança desapareceu.

A partir de então, Cristóvão tornou-se um zeloso pregador e converteu muitos à fé católica.

Oração em honra de São Cristóvão

Concedei-nos, Deus Todo-poderoso, que enquanto celebramos a memória do vosso bendito mártir, São Cristóvão, por sua intercessão, o amor do vosso nome possa aumentar em nós. Por Cristo, nosso Senhor. Amém.

Novena a São Cristóvão

Deus eterno e todo-poderoso! Com fé viva e adorando com reverência a vossa divina majestade, prostro-me diante de vós e invoco com filial confiança a vossa suprema bondade e misericórdia. Iluminai as trevas da minha inteligência com um raio do vosso amor celestial, que eu possa contemplar as grandes virtudes e méritos do santo em cuja honra faço esta novena e, seguindo o seu exemplo, imitar, como ele, a vida do vosso divino Filho.

Além disso, peço-vos que me concedais, por vossa graça, pelos méritos e a intercessão deste poderoso medianeiro, o pedido que através dele coloco humildemente na vossa presença, dizendo, com devoção: "Seja feita a vossa vontade, assim na terra como no céu". Dignai-vos escutá-la, se ela contribuir para vossa maior glória e para a salvação da minha alma. Amém.

Ó Deus, que fizestes de São Cristóvão um verdadeiro portador de Cristo, que converteu multidões à fé cristã, e que lhe destes a graça de sofrer por vosso amor os mais cruéis tormentos; pela intercessão deste santo, vos imploramos que nos protejais do pecado, único verdadeiro mal. Preservai-nos, também, contra as forças elementares nocivas, tais como terremotos, trovoadas, incêndios e inundações. Amém.

Grande São Cristóvão que, procurando o mais forte e mais poderoso mestre, o encontrastes em Jesus Cristo, Deus todo-poderoso do céu e da terra, e o servistes fielmente com todas as vossas forças até o fim da vossa vida, ganhando para ele inúmeras almas e, por fim, derramando o vosso sangue por ele, obtende para mim a graça de trazer sempre Cristo no meu coração, tal como uma vez o trouxestes aos ombros, para que assim eu possa ser fortalecido a fim de ultrapassar vitoriosamente todas as tentações e resistir a todas as seduções do mundo, da carne e do demônio, e que os poderes das trevas não prevaleçam contra mim. Amém.

Meu Senhor e meu Deus! Elevo até vós o meu pedido em união com a amarga paixão e morte de Jesus Cristo, vosso Filho, e com os méritos da sua imaculada e bendita Mãe, Maria, sempre virgem, e de todos os santos, em particular as do santo medianeiro em cuja honra faço esta novena.

Fixai os vossos olhos em mim, misericordioso Senhor! Concedei-me a vossa graça e o vosso amor, e ouvi, por vossa graça, a minha oração. Amém.

São José de Cupertino, padroeiro dos Aviadores

São José (1603-1663) era um frade franciscano famoso pelas suas milagrosas levitações, que ocorriam durante a missa, a oração e a meditação, e sempre que se mencionava Deus ou Maria. Era conhecido por chegar a levitar duas horas a fio. Além disso, falava com os animais, ressuscitava os mortos e curava os doentes.

Oração a São José Cupertino

Querido santo conventual extático, que pacientemente aceitastes as calúnias, o vosso segredo era Cristo, o Salvador crucificado, que dissera: "Quando eu for levantado da terra, atrairei todos a mim". Vós que fostes espiritualmente levantado, concedei aos aviadores coragem e proteção, e que eles possam ter sempre em mente o vosso exemplo, altamente inspirador. Amém.

São Miguel Arcanjo e Anjos da Guarda

Oração a São Miguel

São Miguel Arcanjo, defendei-nos no combate, sede o nosso refúgio contra as maldades e ciladas do demônio. Ordene-lhe Deus, instantemente o pedimos, e vós, príncipe da milícia celeste, pela virtude divina, precipitai no inferno a Satanás e aos outros espíritos malignos que andam pelo mundo para perder as almas. Amém.

Terço de São Miguel

Uma devota Serva de Deus, a carmelita portuguesa Antônia d'Astônaco, teve uma visão de São Miguel e ouviu uma voz que lhe mandava que o honrasse mediante nove saudações aos nove coros dos Anjos. São Miguel prometeu que quem praticasse esta devoção em sua honra teria, quando se aproximasse da Sagrada Comunhão, uma escolta de nove anjos escolhidos dentre cada um dos nove coros. Além disso, para quem rezasse este terço diariamente, prometia a sua assistência contínua e a de todos os santos anjos durante a noite.

Enquanto se faz o sinal da cruz, dizer: "Deus, vinde em nosso auxílio. Senhor, socorrei-nos e salvai-nos".

Em seguida, rezar um Glória e pedir: "Por intercessão de São Miguel Arcanjo e do coro celeste dos serafins, o Senhor nos faça dignos do fogo da perfeita caridade. Amém".

Rezar um Pai-Nosso e três Ave-Marias, e pedir: "Por intercessão de São Miguel Arcanjo e do coro celeste dos querubins, o Senhor nos conceda a graça de trilharmos a estrada da perfeição cristã. Amém".

Rezar um Pai-Nosso e três Ave-Marias, e pedir: "Por intercessão de São Miguel Arcanjo e do coro celeste dos tronos, o Senhor nos conceda o espírito da verdadeira humildade. Amém".

Rezar um Pai-Nosso e três Ave-Marias, e pedir: "Por intercessão de São Miguel Arcanjo e do coro celeste das dominações, o Senhor nos dê a graça de podermos dominar os nossos sentidos. Amém".

Rezar um Pai-Nosso e três Ave-Marias, e pedir: "Por intercessão de São Miguel Arcanjo e do coro celeste das potestades, o Senhor nos guarde das traições e tentações do demônio. Amém".

Rezar um Pai-Nosso e três Ave-Marias, e pedir: "Pela intercessão de São Miguel Arcanjo e do coro celeste das virtudes, o Senhor nos conceda a graça de não sermos vencidos no combate perigoso das tentações. Amém".

Rezar um Pai-Nosso e três Ave-Marias, e pedir: "Por intercessão de São Miguel Arcanjo e do coro celeste dos principados, o Senhor nos dê o espírito da verdadeira e sincera obediência. Amém".

Rezar um Pai-Nosso e três Ave-Marias, e pedir: "Por intercessão de São Miguel Arcanjo e do coro celeste dos arcanjos, o Senhor nos conceda o dom da perseverança na fé e boas obras. Amém".

Rezar um Pai-Nosso e três Ave-Marias, e pedir: "Por intercessão de São Miguel Arcanjo e do coro celeste dos anjos, o Senhor nos conceda que estes espíritos bem-aventurados nos guardem sempre nesta vida, e na hora da nossa morte nos conduzam ao Céu. Amém".

Rezar um Pai-Nosso e três Ave-Marias e, em seguida, um Pai-Nosso em honra de cada um dos Santos Arcanjos: Miguel, Gabriel e Rafael, e do seu Anjo da Guarda.

Concluir com a seguinte oração:

"Glorioso São Miguel, chefe e príncipe dos exércitos celestes, fiel guardião das almas, vencedor dos espíritos rebeldes, servidor do Rei Divino, nosso admirável guia, depois de Cristo. Vós, cuja excelência e virtudes são eminentíssimas, dignai-vos livrar-nos de todos os males, a nós todos que recorremos a vós com confiança, e fazei, pela vossa incomparável proteção, que sirvamos a Deus, cada dia com mais fidelidade.

Rogai por nós, ó bem-aventurado São Miguel Arcanjo, príncipe da Igreja de Jesus Cristo. Para que sejamos dignos das suas promessas.

Onipotente e sempiterno Deus que, por prodígio da vossa bondade e misericórdia, elegestes para príncipe da vossa Igreja o gloriosíssimo Arcanjo São Miguel, com o fim da comum salvação das almas, nós vos rogamos que nos façais dignos de sermos, por sua benéfica proteção, libertos de todos os nossos inimigos, de sorte que nenhum deles possa molestar-nos na hora da nossa morte, mas antes nos seja dado que o mesmo Arcanjo nos conduza à presença da vossa excelsa e divina majestade. Pelos merecimentos de Jesus Cristo, nosso Senhor. Amém."

Os Anjos da Guarda

"Ele mandará aos seus anjos que te guardem em todos os teus caminhos. Na palma das mãos te levarão para que não tropeces em pedra alguma" (Salmo 91,11-12).

"Então, vindo do Céu, apareceu-lhe um anjo que o confortava" (Lucas 22,43).

Oração tradicional ao Anjo da Guarda

Santo Anjo do Senhor, meu zeloso guardador, se a ti me confiou a piedade divina, sempre me rege, guarda, governa e ilumina. Amém.

Oração em honra dos Anjos da Guarda

Deus onipotente e misericordioso, que incumbistes os vossos anjos de nos guiar e proteger, ordenai-lhes que sejam nossos assíduos companheiros, desde a nossa partida até o nosso regresso; que nos revistam com a sua invisível proteção; que nos livrem de todo o perigo de colisão, incêndio, explosão, queda e ferimentos, e, por fim, tendo-nos preservado de todo o mal, e sobretudo do pecado, nos conduzam até à nossa morada celeste. Por Jesus Cristo, nosso Senhor. Amém.

Que o Senhor onipotente e misericordioso nos conduza pelo caminho da paz e da prosperidade. Que o Arcanjo Rafael seja o nosso companheiro na viagem e nos traga de volta a nossa casa com paz, saúde e felicidade. Amém.

Impresso na gráfica da
Pia Sociedade Filhas de São Paulo
Via Raposo Tavares, km 19,145
05577-300 - São Paulo, SP - Brasil - 2016